HOPPING
ISLAND
OF KYUSHU

九州の島めぐり

58の空と海

吉村靖徳

海鳥社

目次

Contents

熊本県

Contents

＊各島の情報は２０１９年６月時点のものです。現地に訪れる際には事前の確認をおすすめします。
＊各島の周囲は加藤庸二『原色　日本島図鑑』（新星出版社、２０１０年）の数値によるものです（一部を除き小数点以下四捨五入）。

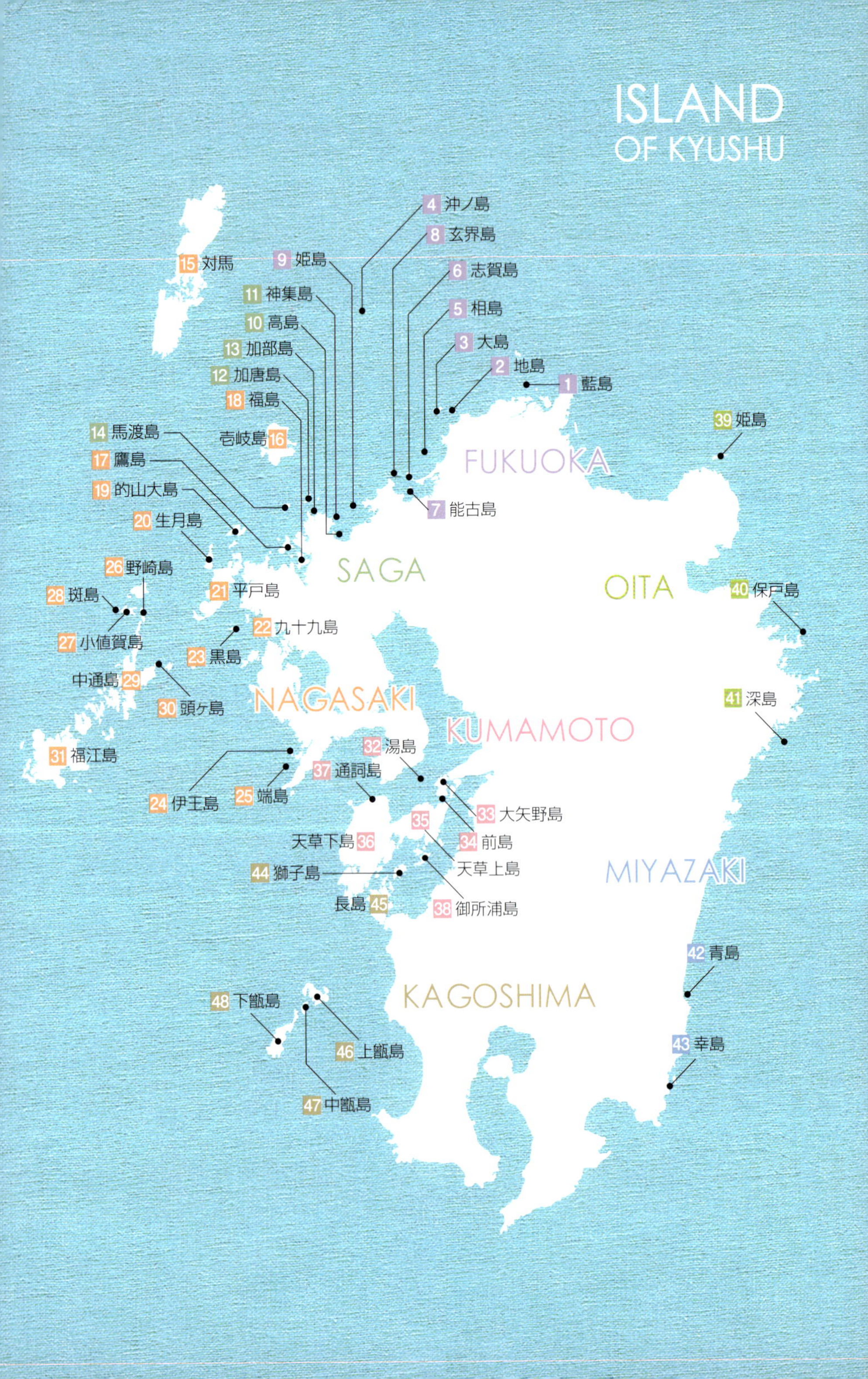
ISLAND
OF KYUSHU
4 沖ノ島
8 玄界島
9 姫島
6 志賀島
15 対馬
11 神集島
5 相島
10 高島
3 大島
13 加部島
2 地島
12 加唐島
1 藍島
18 福島
39 姫島
14 馬渡島
壱岐島 16
FUKUOKA
17 鷹島
19 的山大島
7 能古島
20 生月島
SAGA
26 野崎島
OITA
28 斑島
21 平戸島
40 保戸島
22 九十九島
27 小値賀島
23 黒島
中通島 29
30 頭ヶ島
NAGASAKI
41 深島
KUMAMOTO
32 湯島
31 福江島
37 通詞島
25 端島
24 伊王島
33 大矢野島
35
天草下島 36
34 前島
天草上島
MIYAZAKI
44 獅子島
長島 45
38 御所浦島
42 青島
48 下甑島
KAGOSHIMA
46 上甑島
43 幸島
47 中甑島

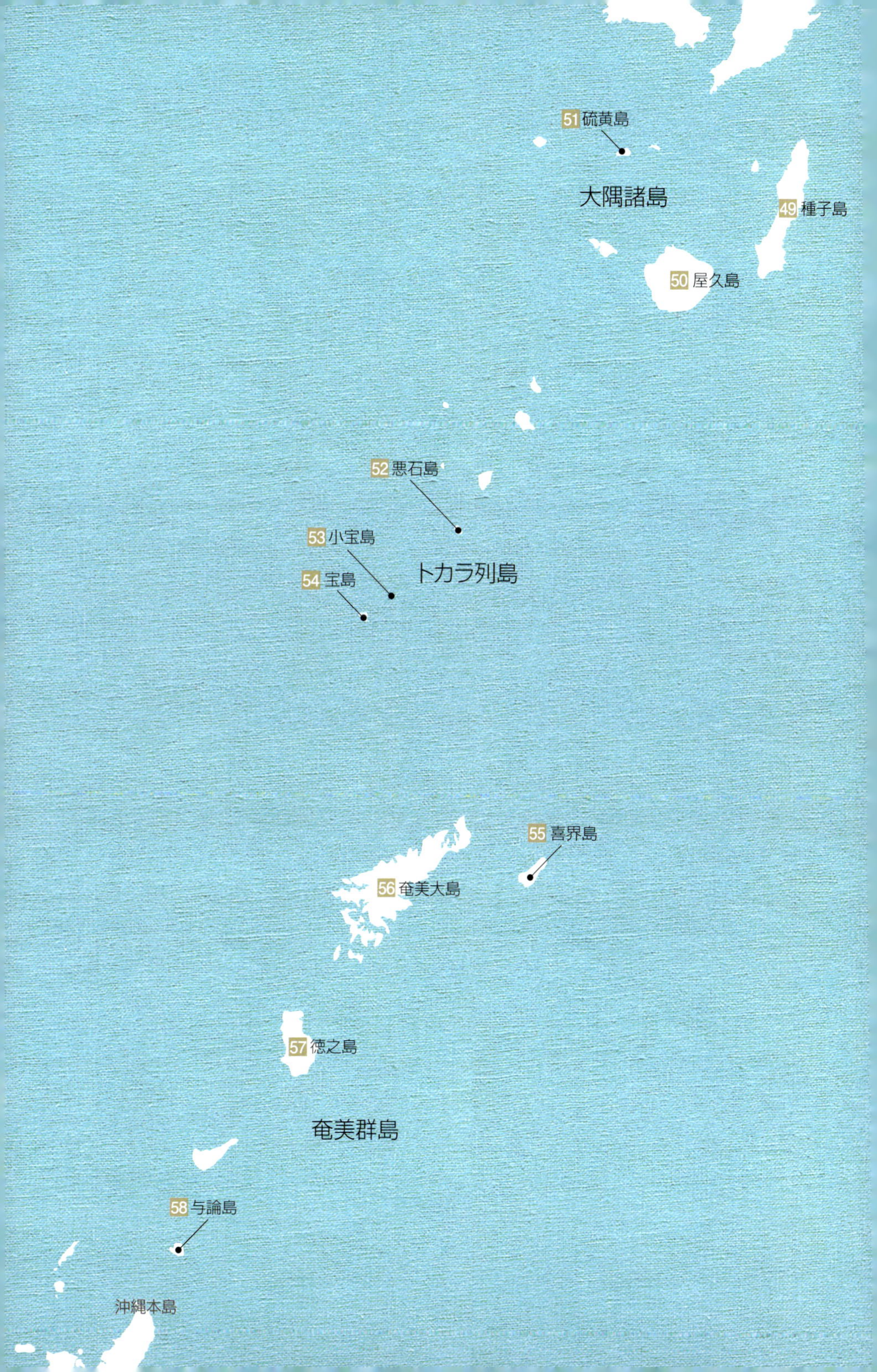

51 硫黄島
大隅諸島
49 種子島
50 屋久島
52 悪石島
53 小宝島
54 宝島
トカラ列島
55 喜界島
56 奄美大島
57 徳之島
奄美群島
58 与論島
沖縄本島

藍島へは小倉から馬島（うましま）を経由して向かう

PICK UP!

現存の２代目白洲灯台は明治33（1900）年に建設された

左｜渡船場に面した本村集落には購買部もあるが、離島の購買部は土日が休みのところも多い
右｜南端のわいわいビーチからは小倉の工場地帯が見える

01｜藍島

あいのしま
福岡県北九州市小倉北区

九州北端の猫島

藍島は小倉沖の響《ひびき》灘に位置する。フェリーは小倉駅近くの小倉渡船場浅野桟橋から出ていて、そういった手軽さから、島は海水浴やビーチでのバーベキューを楽しむ小倉っ子の憩いの場となっている。

最高所が25ｍと低平な島には3つの集落があり、購買部のほか、釣り客の定宿となっている民宿も3軒存在する。藍島港に面した本《ほん》村《むら》地区から南に延びる岬の両側のビーチと岩礁は、夏場を中心に若者や家族連れで賑わいを見せる。島を歩いているとあちらこちらで気ままに過ごす猫たちの姿に出会えることもこの島の魅力のひとつ。

小学校や郵便局は本村の集落から北に向かうトンネルをくぐった先の大泊《おおどまり》地区にある。ブルー、藍色、白に塗り分けられた校舎が印象的な藍島小学校はユネスコスクールに加盟し、10名ほどの生徒がスナメリの観察や灯台の清掃活動なども行っている。

本村地区からトンネルの手前を西側に上る道は島を縦断する幹線で、道沿いには、沖の岩礁に建ち日本の灯台50選のひとつに数えら

桟橋は子どもたちの恰好の遊び場

れる白洲《しらす》灯台が望める場所や、江戸時代に密貿易船の来航を本島に知らせた遠見番所旗柱台《とおみばんしょはたばしらだい》といったスポットがある。島随一の景勝地の千畳敷《せんじょうじき》は島の北端部に位置し、港から徒歩で20分ほど。せっかくなら岩塊が広く現れる干潮の時間帯を狙って訪れるとよいだろう。千畳敷の北に浮かぶ小さな無人島・貝島《かいしま》へは大潮の干潮時に歩いて渡ることもできるが、潮が満ちると戻れなくなるので注意してほしい。千畳敷から北を望めば山口県蓋井島《ふたおいじま》を背景に、明治期に建てられた風格のある石造りの大藻《おおも》路岩《じいわ》灯台の姿も確認できる。

　藍島沿岸には準絶滅危惧種に指定されているスナメリが5月から10月にかけて姿を現わす。

人はあまり見かけないが、かわりに猫たちが迎えてくれる

藍島 DATA
周囲：13㎞
アクセス：小倉渡船場から北九州市営渡船小倉航路で、馬島経由35分。1日3便
問合せ：北九州市地域振興課
093-582-2111

千畳敷沖の貝島（左奥）に築造された古墳からは鉄製の釣針や銛（もり）が出土していて、島の人たちが古代から漁業を生業としていたことがわかる

02 地島

じのしま／福岡県宗像市

カマド猫が住むのどかな島

宗像の鐘崎《かねざき》漁港沖2㎞ほどの玄界灘に位置する地島は、標高100mを超える山が連なる地形で平地はほとんどなく、港に面したわずかな緩斜面に2つの集落が営まれている。

島の南側の泊《とまり》地区の離島体験交流施設なぎさの家では、毎年、小学校高学年を対象とした漁村留学生を受け入れている。集落の幹線は海岸沿いの道の一本山側で、集落の中ほどに厳島《いつくしま》神社が鎮座する。参道の鳥居には厳島宮の扁額のほかに「慈島宮」と書かれたものがあり、宗像三女神の三女で安芸《あき》の厳島神社の主祭神でもある市杵島《いちきしま》姫《ひめ》が慈島《いつくしま》（=じのしま）に転じたことが島名の由来らしい。

海岸伝いに西に進むと殿様波止が見えてくる。釣りのおこぼれをもらうために猫たちが待機しているこの波止は、慶長8（1603）年に福岡藩の黒田孝高《よしたか》（官兵衛）がつくって子の長政が補修したもの。当初、工事が難航したため、神の怒りを鎮めようと2人の若い娘をここに埋めたと伝わり、その供養碑が北側の山裾に建てられている。殿様波止の先端に新しく継ぎ足された防波堤には一面に地元の児童が描いた絵が連なっている。そこには、消したカマドの中で暖をとった猫が朝方には灰だらけになっているという「カマド猫」の姿もある。こうした昔ながらの冬の風物詩をこの島ではまだ目にすることができる。

もうひとつの集落は島の西側に位置し、白浜港を抱える豊岡地区。7月にはこの集落と泊集落が年交代でつくった山笠で島が賑わう。集落の鎮守・牧神社の近くにある、島でただ1軒の食堂では名産のとろろめかぶを味わいたいところ。

豊岡地区からさらに北上しながら島を縦断する道はヤブツバキが群生する遊歩道・つばきロードとして整備され、毎年3月に椿まつりが催される。島の北端の倉瀬《くらのせ》展望台まで足を延ばすと眼下の岩の上に建つ灯台と、気象条件が揃えば世界遺産になっている絶海の孤島・沖ノ島を望むことができる。

PICK UP!

椿で島おこしに取り組んでいる地島では、秋になると民家の軒先で椿油をつくるために種を取り出す光景に出会うことができる

地島への定期便の発着所となる神湊（こうのみなと）から見た地島

殿様波止。右半分が江戸時代の石積み。無
数の蛸壺が整然と並ぶ地島の定番の風景

殿様波止の西隣の防波堤は格好の釣り場

泊地区の町並み

地島 DATA
周囲：９km
アクセス：神湊から「ニューじのしま」で泊港まで15分、泊港から白浜港まで10分。１日６便
問合せ：宗像観光協会0940-62-3811

島でおなじみの防波堤アート。カマド猫の姿もある

地島からみた大島。最高所は標高224mの御嶽山

03 | 大島

おおしま／福岡県宗像市

世界遺産・沖ノ島の遙拝所

左｜沖津宮遙拝所。条件が揃えば絶海に浮かぶ沖ノ島が見える
右｜中津宮は山頂の御嶽神社と参道で結ばれ、ともに世界遺産の構成資産になっている

宗像沖の玄界灘に位置する大島は平地が少なく、高低差がある起伏に富んだ地形をしている。こうした地形の特徴を生かし、離島としては九州唯一のオルレコースが整備されている。コースは中上級者向けで全長は11㎞。島内をまわるにはレンタサイクルやタクシーもあるが、時間に余裕があるのなら主なスポットを周遊する1日7便のバス・グランシマールを利用するとよいだろう。

集落は大島港ターミナルがある島東側の海岸線に沿ったわずかな平地に営まれている。船着場の北側のかんす海水浴場は夏場に賑わいを見せる。その目と鼻の先には室町時代の連歌師・宗祇《そうぎ》が歌に詠んだ「夢の小夜島《さよしま》」という、松に覆われた小さな島が浮かんでいて、干潮時には歩いて朱色の鳥居まで行くことができる。

一方、港の南側には海伝いにウ

かんす海水浴場と夢の小夜島

ッドデッキの遊歩道と公園が整備され、途中、鳥居と山腹まで延びる階段の奥に湍津《たぎつ》姫神《ひめのかみ》を祀る中《なか》津《つ》宮《みや》拝殿が見える。湍津姫は九州本島に位置する辺《へ》津《つ》宮《みや》（宗像大社）の市杵島姫《いちきしまひめ》と沖津宮《おきつみや》（沖ノ島）の田心姫《たごりひめ》とともに宗像三女神の一柱《ひとはしら》である。毎年9月の中旬に湍津姫は大島で長女の田心姫を迎え、10月1日には辺津宮から宗像沖まで迎えに来た末っ子の市杵島姫とともに、宗像七浦の数百隻の漁船を従えた御座船に乗って辺津宮へ向かい三姉妹が顔を合わせる。この勇壮な神事がみあれ祭《さい》である。

中津宮の本殿の見所のひとつは棟の上に載る3本に束ねられた鰹木《かつおぎ》で、三女神を表しているという。中津宮はもともと最高所の御《み》嶽山《たけさん》から遷された。その御嶽山ではヤマト政権により沖ノ島で行われていた国家的祭祀と同じ形態の、馬や舟など滑石《かつせき》製の形代《かたしろ》を大量に使った奈良・平安時代の祭祀跡が見つかっている。そうしたことから遺跡と中津宮、そして両者を結ぶ参道が「神宿る島」宗像・沖ノ島と関連遺産群の構成資産「宗像大社中津宮」になっている。大島の北部の「宗像大社沖津宮遥拝《ようはい》所《じょ》」では、神職しか立ち入ることができない遥かかなたの沖ノ島に古くから祈りが捧げられてきた。

大島港から遊歩道をさらに南に下った集落の外れには、シーカヤックや磯観察、魚さばき教室、海に浮かぶ釣り堀などの海洋体験施設・うみんぐ大島がある。

PICK UP!

中津宮の参道の両側には織女（しょくじょ）神社と牽牛（けんぎゅう）神社があり、その間を天の川が流れている

海を見渡すロケーションを求めるなら御嶽山まで登るか、島北西部の風車展望所を訪れたい。かつて大島は小倉にあった大日本帝国陸軍の第12師団に属し、外敵を防ぐため明治20（1887）年から建設が始まった下関要塞の一角を占めていたこともあり、風車展望台には昭和初期の砲台や弾薬庫が残っている。展望台の手前の牧場ではヤギの姿を見ることもできる。

島の西側の大島灯台近くには潜伏キリシタンが潜んでいた三浦洞窟などの穴場的なスポットもあり、三浦の浜や津和瀬《つわせ》の浜まで行けばシュノーケリングも楽しめる。

食事処は港のまわりに点在し、かんす海水浴場の目の前には、島特産の甘夏を使ったジェラートを出す島カフェもある。宗像漁港の直売所さよしまやターミナルでは、アカモクを練り込んだ煎餅、胡麻豆腐、春から夏にかけての限定商品である甘夏ゼリーや甘夏タルト、旧大島村長の「塩爺」が一人でつくる大島の塩などの特産品を手に入れることができる。宿は島内に10件ほどが営まれているが、うみんぐ大島で調達した新鮮な魚をリーズナブルな会員制貸別荘・自然の館に持ち込んでバーベキューを楽しむのもよいだろう。

左｜風車展望台は玄界灘を背景に緑の草原と赤い風車を望む開放的な空間

大島 DATA

周囲：17km

アクセス：神湊（こうのみなと）から大島渡船の「おおしま」「しおかぜ」で15～25分。1日7便

問合せ：宗像観光協会0940-62-3811

左｜うみんぐ大島。午前と午後の2部制で、釣った魚を追加料金なしで持ち帰ることができる
右｜集落は大島漁港を中心に営まれ、旅館や食事処も点在する

04 沖ノ島

おきのしま／福岡県宗像市

世界遺産「神宿る島」

島の最高所の一ノ岳（標高243m）に建つ白亜の灯台は日本海海戦の直前に建てられた

玄界灘の沖合約60kmに浮かぶ絶海の孤島である。島の周囲は断崖に囲まれ、南西側には頁岩《けつがん》の白い岩肌が露出している。宗像大社といえば九州本島の辺津宮《へつみや》を指すことが一般的だが、じつは中津宮《なかつみや》（大島）と沖津宮《おきつみや》（沖ノ島）を合わせた3宮の総称である。古墳時代、ヤマト政権は、外洋航海に長けた地元の豪族・宗像氏を介して国の安寧や中国・朝鮮半島への航海安全を祈る国家的祭祀を沖ノ島で行っていた。自然崇拝に基づく伝統文化が現代まで継承され、祭祀に使われた考古遺物も当時の状態で残されていることから「神宿る島」宗像・沖ノ島と関連遺産群として世界遺産に登録された。

　世界遺産の構成資産「沖ノ島」は全体が神域で、山中には天照《あまてらす》大御神《おおみかみ》が須佐之男命《すさのおのみこと》の剣をかじって吹いた息から生まれた宗像三女神の長女・田心姫神《たごりひめのかみ》を祀った沖津宮が鎮座する。沖ノ島では辺津宮の神職が10日交代でたった一人で神に仕えているが、海況により迎えの船が接岸できず、ひと月以上も島から出ることができない時もあるという。この島には原則として神職以外は上陸できないが、神職が島に足を踏み入れる場合も一糸まとわぬ姿で禊《みそぎ》をしなければならない。また、この島で見聞きしたことは他言してはならないこ

鳥居をくぐるとその先は神域。禊は手前の浜で行う

上｜白い岩肌が特徴的な断崖に囲まれた沖ノ島
右｜奥の左から「天狗岩」「御門柱（みかどばしら）」「小屋島」。御門柱と小屋島は鳥居の役割を果たし、沖ノ島への船は必ずその間を通る。これらも世界遺産の構成資産

とから「不言島《おいわずのしま》」と呼ばれる。ほかにも一木一草一石たりとも持ち出してはならないなど、いにしえからの決まり事が1600年以上経った今なお引き継がれている。

　禊を終えて鳥居をくぐり、急峻な階段を上って2つ目の鳥居の所からは、分布の北限となるビロウやオオタニワタリなど国指定天然記念物の亜熱帯植物が鬱蒼と茂る原始林に踏み入ることになる。この島には、やはり国の天然記念物に指定されたカラスバトが生息するほか、沖の小屋島はカンムリウミスズメの繁殖地になっている。また飛び立つことが苦手な愛くるしいオオミズナギドリの集団繁殖地でもあり、島内のいたるところに無数の巣穴がある。

　沖津宮は、森の中に点在する巨岩の中でも最も南側に位置する岩に接して建てられている。こうした巨岩群は、それぞれ神が降り立つ磐座《いわくら》とみなされ、宝物を捧げる祭祀が執り行われてきた。時代を追って岩の上から岩陰、そして露天へと、4世紀以降、500年もの長きにわたり行われた祭祀の跡が当時のままの状態で残されている。「海の正倉院《しょうそういん》」と呼ばれるにふさわしい三角縁神獣鏡《さんかくぶちしんじゅうきょう》や唐三彩《とうさんさい》、ササン朝ペルシャのカットガラス碗、金製指輪など12万点におよぶ莫大な祭祀遺物は、出光興産の創業者・出光佐三《いでみつさぞう》が大社復興のために着手した社史編纂事業の一環の発掘調査で出土した。これらはすべて国宝になり、辺津宮の神宝館《しんぽうかん》に展示されている。

沖ノ島 DATA
周囲：4km
アクセス：神湊から海上タクシーで1時間半。上陸不可
問合せ：宗像観光協会
0940-62-3811

クロワッサンのような形をした低平な島。
右奥が鼻面半島

05 | 相島

あいのしま／福岡県糟屋郡新宮町

九州猫島の草分け

　新宮海岸沖の玄界灘に位置する相島は標高60ｍ前後の台地状の島で、沖から見ると平坦な姿をしている。猫島の元祖といえば宮城県の田代島が全国的に知られているが、相島は九州を代表する古株の猫島としてその認知度も高く、CNNが世界6大猫スポットとして紹介したこともある。もちろん動物写真家の岩合光昭《いわごうみつあき》さんも訪れていて、集落のいたるところで多くの猫と触れ合うことができる。

　集落は島の南端部、南東側に開けた港の南半を中心に営まれている。渡船待合所のすぐ北側にあるログハウス風の観光交流拠点施設・島の駅あい・の・しまには観光案内所があるほか新鮮な魚介類や猫グッズも手に入る。1階の丸山食堂では刺身定食や海鮮ちゃんぽんなどを食べることができるが、集落の中ほどの寿司屋・さかなのしっぽまで行けば玄界灘で獲れた新鮮な魚介を握ってくれる。また渡船場の北側には養殖真珠の老舗・ミキモトによる真珠の養殖場があり、通常の内海ではなく外洋での養殖の先駆けとして注目されている。

　相島には島の歴史を物語るスポットが点在する。この島は鎖国状態の江戸時代に唯一国交を開いていた李氏朝鮮の使者・朝鮮通信使が将軍に謁見する際の寄港地として福岡藩によって定められていた。接待の時には九州周辺から山海の幸が集められたという。饗宴の実態を物語るように、港の南側の集落の一角を発掘調査した時に使節の客館の跡が見つかっている。また客館とともに天和2（1682）年に福岡藩によって波止場も整備された。

　一方、島の東側の鼻面《はなづら》半島の付け根には、鎌倉時代にモンゴル軍が襲来した元寇の時に嵐で難を受けたモンゴル軍兵士の供養塔が佇

左｜定期船は乗客と一緒に島の生活に必要な物資を運ぶ
右｜相島といえばやはり猫。猫と触れ合うことを目的としてこの島を訪れる人も多い

朝鮮通信使を迎え入れた前波止と先波止は福岡藩が整備したもの

魚が釣れるのを待つ猫たち

相島積石塚群。有力者が葬られた前方後方墳をはじめとする海人の一大古墳群。鼻面半島の奥には県指定名勝のめがね岩が見える

んでいる。そこから北側の海岸に出ると国史跡・相島積石塚群《つみいしづかぐん》がある。一見すると海岸礫《れき》の浜が広がっているだけの風景に見えるが、実はこれらは玄武岩《げんぶがん》の礫が積み重ねられた254基もの様々な形式の古墳で、約250年にわたって海岸全体につくられた。積石塚群は九州では鹿児島県長島に類例がある。海岸からはめがね岩の通称で知られる玄武岩の海蝕洞《かいしょくどう》・鼻《はな》栗瀬《くりせ》を望むことができ、その近くでは平安京に向かう船に積載していた瓦が発見された海底遺跡の調査も進んでいる。

島の北部には豊臣秀吉の朝鮮出兵の際に兵士たちが戦勝と航海安全を願って積み重ねた太閤潮井の石があり、その量は10トンダンプ200台分ともいわれる。また島西部の高台の灯台の横には、宗像の大島や糸島の姫島ほか福岡藩の5カ所に置かれた、異国船を見張るための遠見番所の石垣が残る。

名物はボタと呼ばれる魚のすり身でつくった天ぷらやコロッケ。

購買店は島民の生命線。コミュニケーションの場でもある

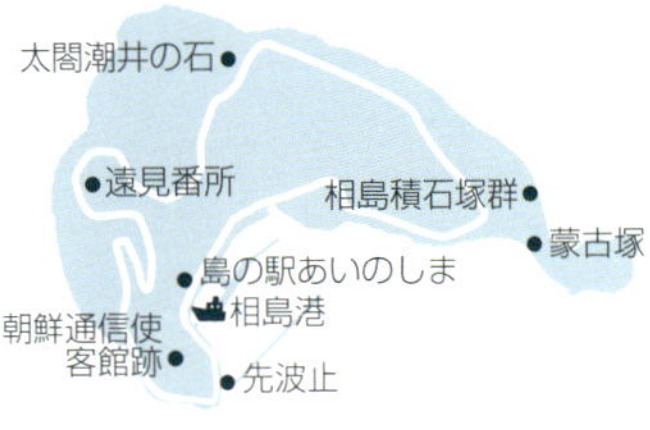

相島 DATA
周囲：7㎞
アクセス：／新宮漁港から町営相島渡船で20分。
1日5～6便
問合せ：新宮町おもてなし協会092-981-3470

06 志賀島

しかのしま／福岡県福岡市東区

博多っ子の定番ドライブスポット

夏に賑わいを見せる
志賀島海水浴場

博多湾の北に位置する志賀島は、全長8㎞の砂州・海《うみ》の中道《なかみち》で九州島とつながった陸繋島《りくけいとう》である。志賀島に向かって延びる海の中道には、水族館・マリンワールドや、レジャーパークの海の中道海浜公園、リゾートホテルなどの施設が揃っている。

その先端の博多湾と玄界灘を分かつ砂州の一本道を渡り切った所が志賀集落で、博多の海の幸が堪能できる食堂が数軒並んでいる。この地区を起点に海沿いの「金印海道」を車で一周することが福岡市民の定番のドライブコースになっていて、都心でたとえるなら江ノ島といったところだろう。また島の最高所となる潮見展望台まで行けば博多湾が一望できる。

志賀海《しかうみ》神社は海神《わたつみのかみ》の総本社で、黄泉国《よみのくに》から戻った伊邪那岐命《いざなぎのみこと》が禊《みそぎ》をした時に生まれた三柱《みはしら》が祀られている。かつては勝馬《かつま》地区の表津《うわつ》

島の中央部の潮見展望台から望む海の中道

上左｜志賀集落の目抜き通りは志賀海神社の参道で海へつながっている
上右｜志賀海神社本殿に向かって右手の鹿角堂には１万本の鹿の角が納められている
左｜志賀島と本島をつなぐ細い砂州を走る道。右が玄界灘、左は博多湾

PICK UP!

市民のソウルフード「金印ドッグ」はイカのフリットとサイコロステーキ入りのホットドッグ。志賀集落にある中西食堂の「曙丼」はサザエの卵とじが載った丼。元横綱の曙関が食べたことに因む名物

宮《ぐう》と仲津宮、そして沖の小島の沖津宮から成っていた。龍《たつ》の都《みやこ》と呼ばれ、神功《じんぐう》皇后が三韓出兵した時の水先案内人、古代海人族・阿曇《あずみ》（安曇）氏ゆかりの地でもある。

拝殿の脇には出兵の際に道先案内をした黄金の亀に由来する雄雌の亀石が並ぶ。そのすぐ下段にある鹿角堂《ろっかくどう》にはぎっしりと鹿の角が納められているが、これは神功皇后が対馬《つしま》で狩った鹿の角を奉納したことがはじまりといわれる。手入れが行き届いた参道脇には福岡県内最古の南北朝時代の３ｍを超える巨大な宝篋印塔《ほうきょういんとう》も建っている。境内には万葉歌碑があり、志賀島に点在する10カ所の歌碑を探して歩くのもよいだろう。

志賀島といえば江戸時代の天明年間（１７８１〜８９）に金印が出土した場所として知られている。中国の史書『後漢書』には、建武中元２（57）年に後漢の光武帝《こうぶてい》か

ら「倭奴国王《わのなのこくおう》」に金印が贈られたことが記されていて、出土した金印はそれにあたるものと見られる。奴国《なこく》の中心は福岡市南部から春日《かすが》市あたりと考えられているが、金印がなぜそこから離れた志賀島で発見されたのかについてはまだわかっていない。志賀集落と島の西側の弘《ひろ》集落の間には金印公園が整備され、黒田家に代々伝わっていた国宝の金印は福岡市博物館で今もなお2000年前と変わらない輝きを放っている。所在がいまだわからない邪馬台国の女王・卑弥呼がもらった「親魏倭王《しんぎわおう》」と刻まれた金印もどこかに眠っていると想像するだけで心が躍る。

北西部の勝馬集落近くの下馬ケ《げばが》浜《はま》海水浴場に面した休暇村志賀島には、各種アクティビティのほか、宿泊・温泉施設もある。島の北側には岩場が多く、磯遊びやスキューバダイビングが楽しめる。

志賀島 DATA
周囲：11km
アクセス：福岡市域から車で海の中道経由。博多埠頭（ベイサイドプレイス）から福岡市営渡船で志賀島港まで30分。1日15便
問合せ：福岡市観光案内所
092-431-3003・751-6904

海沿いに車を走らせると美しい夜景が楽しめる。左からヤフオクドーム、ヒルトン福岡シーホーク、福岡タワー

近年、再整備された金印公園と大正年間に建てられた金印発見の碑

07 ｜ 能古島

のこのしま／福岡県福岡市西区

博多湾の花畑

姪浜（めいのはま）渡船場と能古島

能古島は博多湾の中央に位置する。島は山地形で平地がほとんどなく、集落は港に面した南端部の比較的緩やかな傾斜地を中心に営まれ、北部には10世帯ほどからなるキリスト教徒の集落もある。

北部の山の上に整備されたアイランドパークでは、菜の花、ポピー、桜、あじさい、ひまわりなど、四季折々に花が咲き誇り、福岡市内から気軽に渡れることもあって特にコスモスが開花する秋には渡船場とパークを臨時バスがひっきりなしに往復する。パーク内にはバーベキューハウスや駄菓子屋、福岡市営地下鉄各駅のシンボルマークなどを手がけたグラフィックデザイナー・西島伊三雄《にしじまいさお》の童画館のほか、能古焼陶芸体験場や宿泊コテージも備えられている。

また、夏はアイランドパークの東側のキャンプ村とヤシの木に囲まれた海水浴場が賑わいを見せる。

レジャー施設が充実するこの島の北端の也良《やら》岬は『万葉集』にも登場し、大宰府に外敵の侵入を知らせるための狼煙台や防人《さきもり》が置かれたという歴史もある。

能古焼古窯は、江戸時代中期に肥前有田系の磁器と筑前上野《あがの》系の陶器を焼いた窯で、発掘調査当時の状態で覆い屋に保存されている。小説『火宅《かたく》の人』を著した檀一雄《だんかずお》は晩年この島に居を構えた。旧居は取り壊されたが、跡地には歌碑が建つ。こうした見所や、広い庭とティールームを備えた能古博物館は集落の上の方に集まり、集落の外れにはかつて生息していた鹿から田畑を守る鹿垣《ししがき》が残っている。

島のグルメといえばもちろん活

左｜名物はたくさんあるが、島だけに海鮮は外せない
右｜能古焼古窯の操業は20年ほどと短く、陶器と磁器の両方を焼いた点で稀少な窯

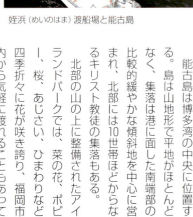

博多湾の向こうに福岡タワーやヤフオクドームが見える

能古島 DATA
周囲：12km
アクセス：／能古渡船場（姪浜旅客待合所）から市営渡船「レインボーのこ」「フラワーのこ」で能古港まで10分。１日23便（花の季節には臨時便あり）
問合せ：福岡市観光案内所092-431-3003・751-6904

魚だが、能古うどんや、年季の入った奥方が渡船場前の物産館・のこの市《いち》でつくるのこバーガーといったご当地物にも事欠かない。

コスモスの見頃は10月上旬と11月初旬前後。写真左奥は志賀島（しかのしま）の志賀集落、右は本島と志賀島をつなぐ砂州

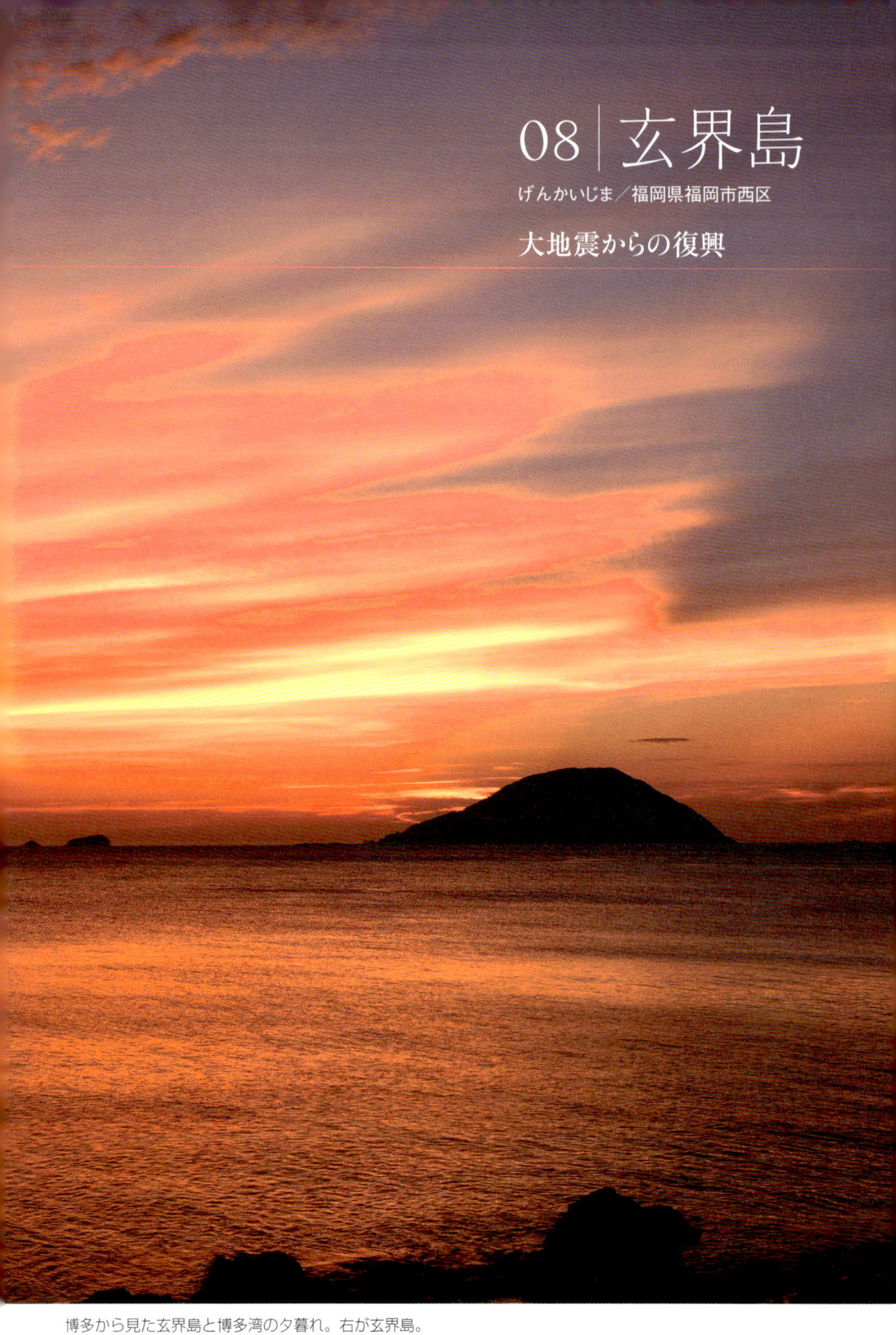

博多から見た玄界島と博多湾の夕暮れ。右が玄界島。

玄界島は博多湾の入口に位置する円錐形の島である。平成17（2005）年の福岡西方沖地震の時には、震源に近いこともあり壊滅的な被害を受けて全島民が島から避難したが、現在は見事に復興を果たしている。そのため古い民家は残っていないものの、斜面に住宅が貼りつくように建ち並ぶ様子は今も変わらない玄界島の特徴的な景観といえる。

この島は海岸沿いを1時間ほどで一周することができる。桟橋から時計回りに歩きはじめると、斜面の上の高台に住む高齢者のために設置されたエレベーターがまず目に留まる。エレベーターで5階まで上ると歩道橋が接続し、その先は住宅がある斜面に取りついている。傾斜がきついこの島には荷物を運ぶモノレールもある。

上左｜渡船の待合所。玄界島には釣り客が多い
上右｜玄界島は博多湾の入口を塞ぐような位置にある
下左｜柱島は切妻形であったが、地震で岩肌が崩落し形が変わった
下右｜百合若伝説ゆかりの小鷹神社。手前は被災した鳥居の笠木

PICK UP!

小中学校裏にひっそりと佇む若宮神社の神様は醜い女性で美しいものを嫌うため、見た目の悪いオコゼを捧げる習慣が残っている

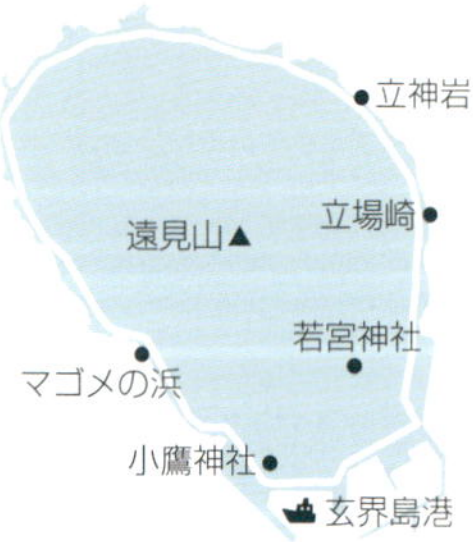

玄界島 DATA
周囲：4㎞
アクセス：博多埠頭（ベイサイドプレイス）から市営渡船「ニューげんかい」で35分。1日7便
問合せ：福岡市観光案内所
092-431-3003・751-6904

桟橋からほど近い小鷹神社の鳥居の横には地震で壊れた鳥居の笠木が遺産として保存されている。この神社の名は、鎌倉時代にモンゴル軍が襲来した際に活躍した武将・百合若《ゆりわか》が、家臣に裏切られ島に取り残された時に飛んできた1羽の鷹に由来する。百合若はこの鷹に妻宛の手紙を託し、無事に帰還することができたという。ほかにも百合若が住んでいた大臣山や、置き去りにされたマゴメの浜、鷹・緑丸の帰りを待った立場崎《たちばさき》など、百合若に由来する場所も多い。

島の北西沖に浮かぶ柱島は玄武岩の節理と尖塔形のフォルムが美しい島で、糸島の景勝地・芥屋大《けやのおお》門《と》と同じく玄界灘の荒波によって浸食形成された海蝕洞《かいしょくどう》がある。

飲食店は住宅地内にある完全予約制地魚料理店・福玄丸の1軒のみ。宿泊や漁業体験もできる。

09　姫島

ひめしま／福岡県糸島市

幕末の勤王家・野村望東尼ゆかりの地

姫島は糸島半島の西に位置し、渡船場は、冬場になると牡蠣小屋が建ち並ぶ岐志《きし》漁港にある。引津《ひきつ》湾を出た船は右手に日本三大玄武洞の芥屋大門《けやのおおと》、左手に日本三大松原で特別名勝に指定されている佐賀県唐津《からつ》市の虹《にじ》の松原《まつばら》を眺めながら、ほどなくして姫島港に至る。

ほぼ釣り人で占められた朝一の船を降りると、まるで誰かを迎えに来たかのように数匹の猫が桟橋に向かって歩いてくる。港沿いには、竹の骨組みにテント生地の屋根を張った漁師たちの作業場が軒を連ねる。姫島の集落は島の南側のわずかな緩斜面に営まれ、鳥居をくぐった狭い路地沿いに古い町並みが残っている。

路地を進むと道は舳先のように二手に分かれ、右に行けば豊玉姫命を祀った姫島神社、左に進路をとると、幕末から明治にかけての激動の時代を生きた福岡藩の女流

唐津の鏡山山頂から見た姫島（左奥）

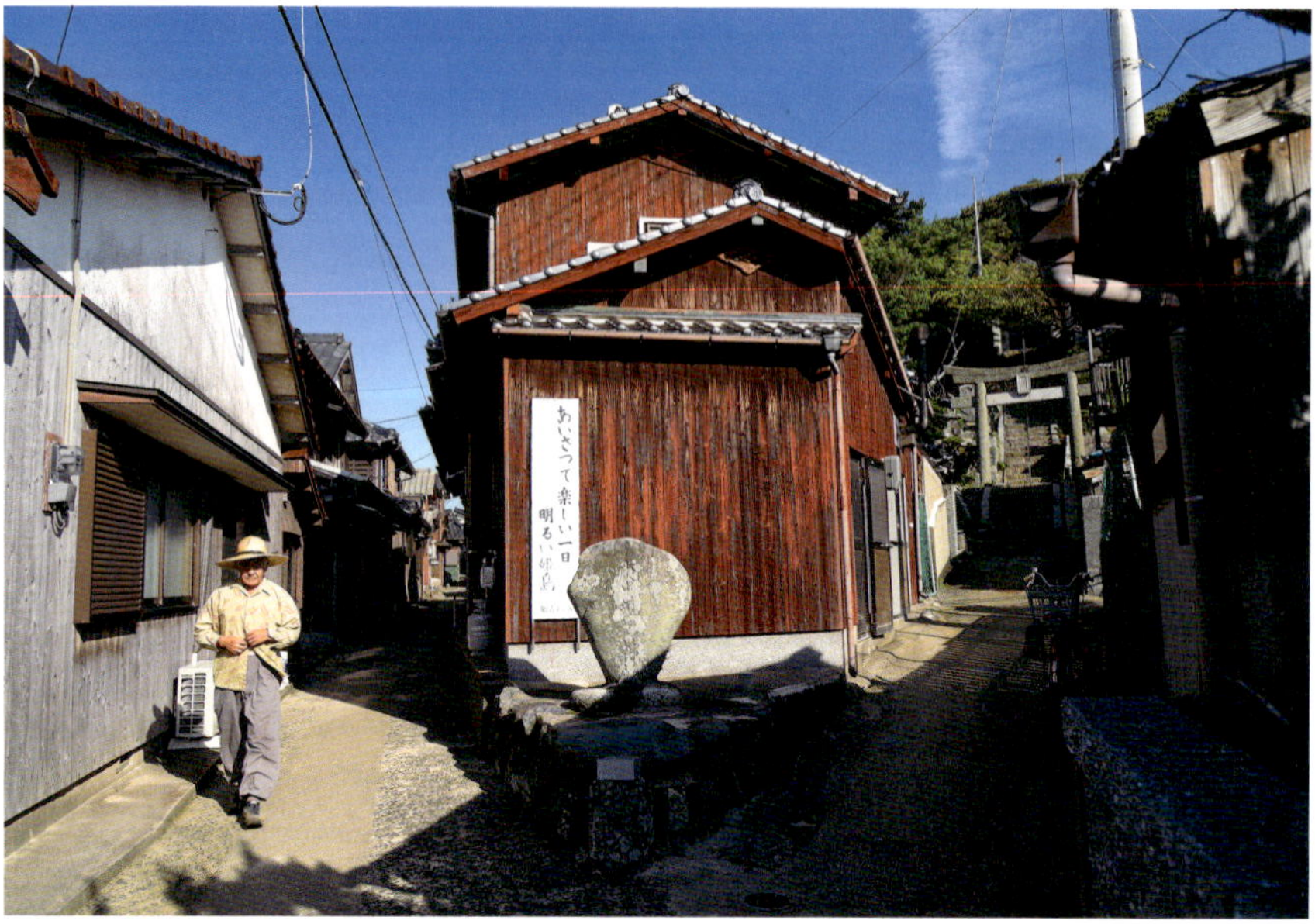

歌人・野村望東尼《ぼうとうに》の御堂に通じている。御堂は望東尼《もとに》が尊王攘夷派弾圧の動きの中で囚われていた獄舎があった場所で、かつて居を構えていた平尾山荘にかくまった高杉晋作の策によって姫島から救い出された。現存する御堂は昭和56（1981）年に建てられた。当初の御堂建設の発起人リストが堂内に残されていて、その中には伊藤博文や山縣《やまがた》有朋《ありとも》も名を連ねる。

　幹線道の突き当たりまで行くと、木造六角堂をはじめとした煉瓦色の屋根に本《ほん》紫《し》檀《たん》風の壁でコテージのような建造物が視界に飛び込んでくる。鄙《ひな》びた島には不釣り合いなこの建物は、児童・生徒を合わせても10人にも満たない姫島小学

上｜左手の小径が集落のメインストリート
下｜姫島神社の鳥居の脇にある大黒様には、漁網にかかったものであろう見事な赤珊瑚が供えられている

PICK UP!

野村望東尼は、勤王の志士を福岡市の平尾山荘にかくまった罪でこの島に幽閉された

校と志摩中学校姫島分校。学校の前の浜辺は礫浜《れきはま》で、磯釣りを楽しむ人を多く見かける。

一方、漁港から東回りに歩くと、堤防沿いの道が途切れて磯に出る。さらに磯を10分ほど進んだ島の北側では玄界灘の荒波がつくり出した造形に出会うことができる。産《うぶ》の穴《あな》は、山幸彦《やまさちひこ》の妻となった豊玉《とよたま》姫《ひめ》が生まれたと伝わる海蝕洞《かいしょくどう》。また切り立つ花崗岩《かこうがん》の上で絶妙なバランスを保った「坊主の首」と呼ばれる丸い岩は、さながらミャンマーのゴールデンロックのようにも見える。

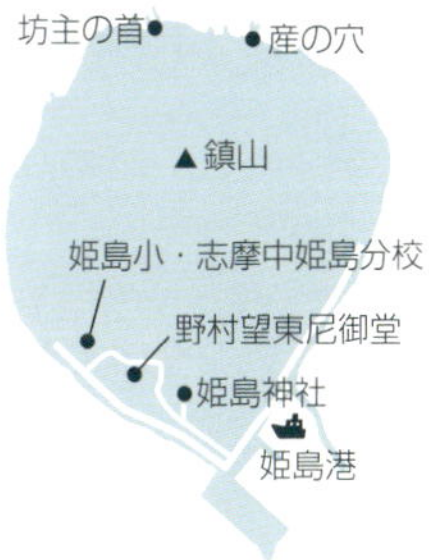

姫島 DATA
周囲：4㎞
アクセス：岐志漁港から市営渡船「ひめしま」で15分。1日4便
問合せ：糸島市企画部地域振興課
092-332-2062

右｜港に面して8畳ほどのスペースの漁師小屋が建ち並ぶ
下｜姫島小学校と志摩中学校姫島分校

10 高島

たかしま／佐賀県唐津市

金運を招く福猫たち

高島は唐津《からつ》湾の中ほどに位置する。この島の氏神様は塩屋神社だが、宝当《ほうとう》神社に参拝すれば宝くじが当たるという噂が広まって今も島へ渡る人々が絶えない。戦国時代、野崎隠岐守《おきのかみ》綱吉が海賊を迎え撃ち島民を助けたことから祠が建立され、明治時代になって当島の宝＝宝当神社と呼ばれるようになった。集落は港に面した南側の山裾に営まれ、島民のほとんどが野崎姓を名乗っている。

島に上陸すると同時に、離島ののどかなイメージらしからぬ威勢のいい声が響いてくる。声の主は土産物屋の呼び込みで、この島では、まずは開運グッズを手に入れて参拝の手順を学ぶことが習わしのようである。

宝当神社は桟橋から近く、コンクリートの路面に刻まれた猫の足跡が進路を示してくれる。社殿で

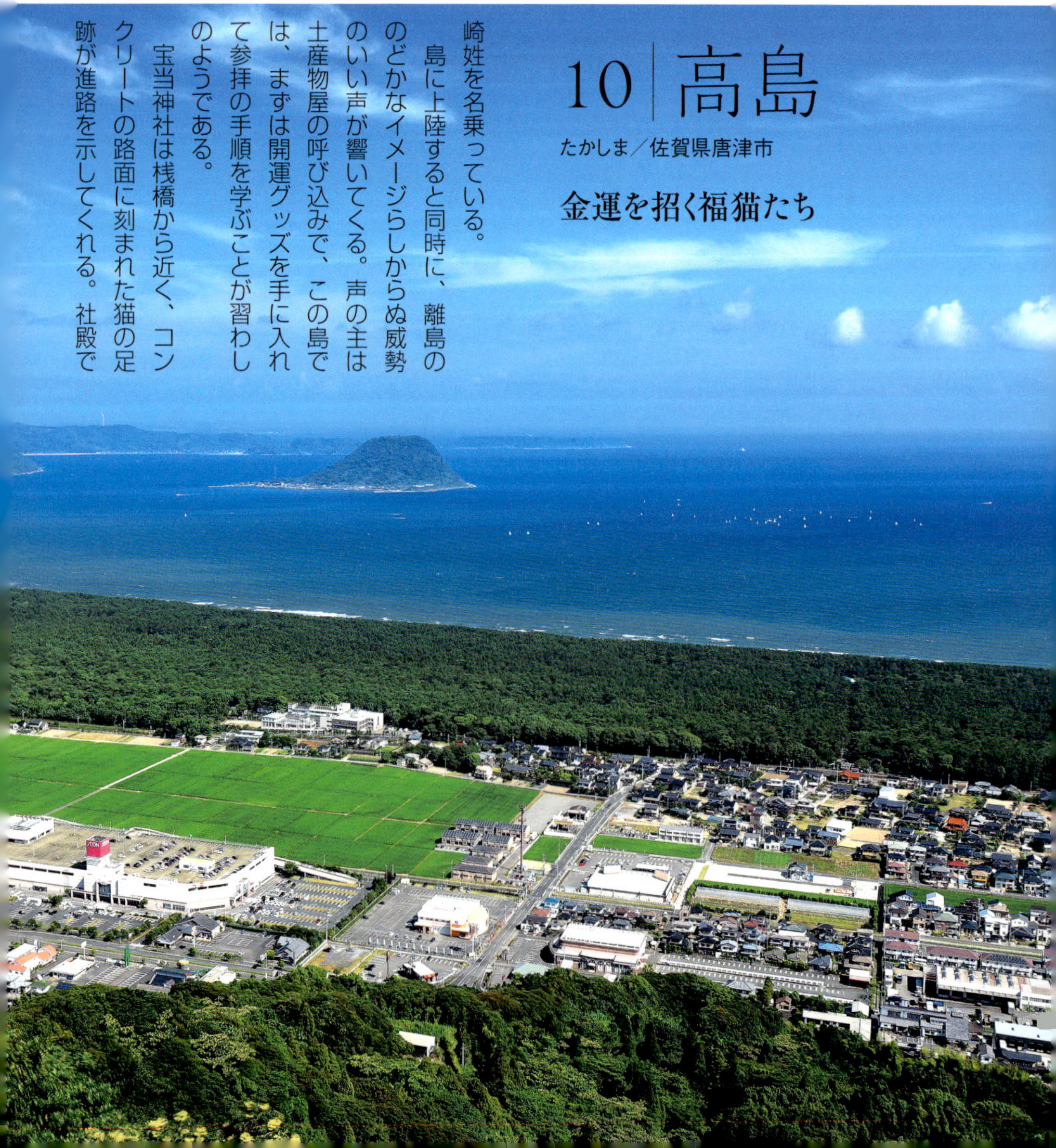

上｜どこから見ても特徴的な台形の島
下｜唐津の鏡山から日本三大松原・虹の松原越しに高島を望む

は、ほとんどの人が土産物屋で購入したけばけばしい金色の巾着袋に宝くじを入れて当選祈願をしている。袋の口を開けたまま参拝し、最後の一礼を終えると同時に袋の口を閉めて運を閉じ込めると御利益があるらしい。意外と知られていないパワースポットが神社の右手の裏参道。本殿下の地中深くに安置されているという綱吉公の亡骸をより近くからお参りすることができる。

高島ではもちろん宝くじも売られていて、驚くほど多くの高額の当たりくじが出ている。福を呼び込む猫で一躍有名になった野崎商店の陳列カゴの中には金運を招く猫のファミリーが陣取り、運が良ければ福猫のふくちゃんやかねちゃんに会えるかもしれない。

PICK UP!

立ち上がりながら両手を合わせて宝くじの当選祈願をする福猫

上｜島を訪れる目的は宝当神社への参拝。誰もが拝殿に上がり込んで当選祈願をする
下｜桟橋前の屋台からテイクアウトできるコロッケのおこぼれを求めて猫たちが集まる

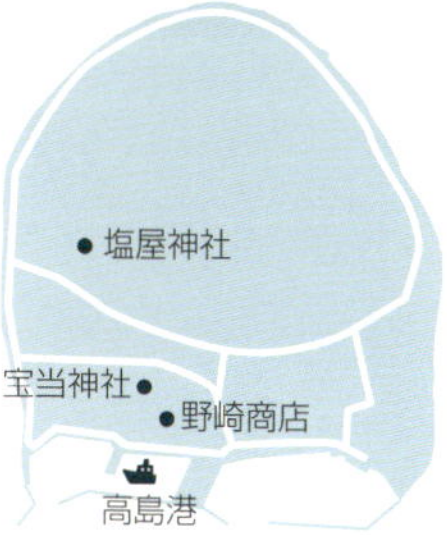

高島 DATA
周囲：3㎞
アクセス：宝当桟橋から高島航路「ニューたかしま」で10分。1日6便
問合せ：唐津観光協会0955-74-3355

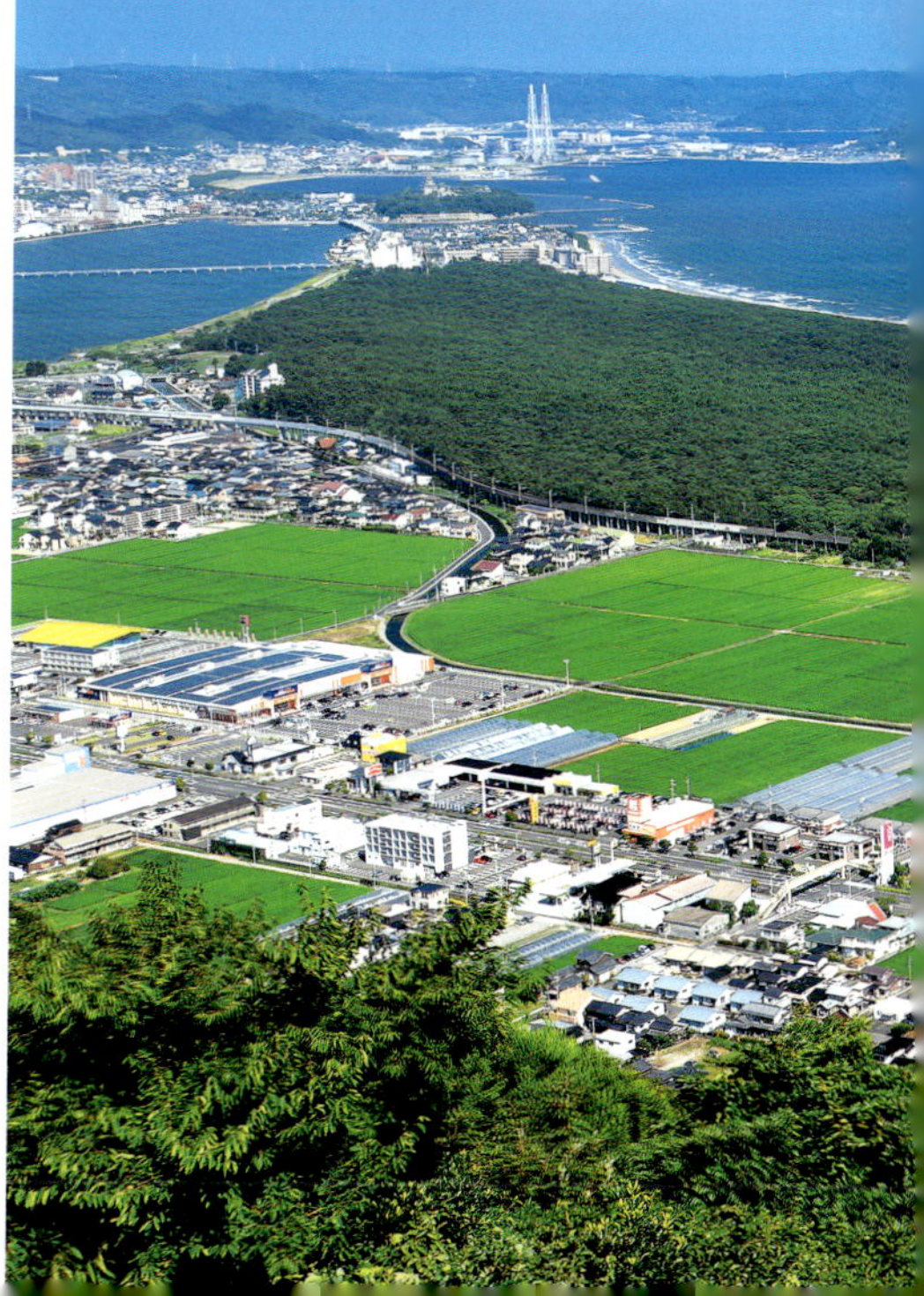

上｜湊浜（みなとはま）漁港から見た神集島
下｜海中に建つ住吉神社の鳥居

11 神集島

かしわじま／佐賀県唐津市

鯨に乗った恵比寿様

神集島は唐津《からつ》湾北西部に位置し、唐津方面からだと低く平たい台地状に見える。その島名は神功《じんぐう》皇后が朝鮮に出兵する時に神々を集めて戦勝祈願をしたことに由来する。本島と橋でつなぐ構想もあったが、島の暮らしの変化を危惧する島民の反対により実現しなかったため、今でも昔ながらの静かな生活が営まれている。

集落は島の北西部の湾に沿って広がり、大抵の島がそうであるように、海際の道と、平行して走る山手の道の2本が幹線になっている。桟橋に近い中心部には島唯一の購買部があり、石の上に落とすと石が割れるという神集島名物の石割豆腐も売られている。島の鎮守・住吉神社は、廃校になった小学校からハマユウの群生地を抜けた岬の先端部に位置している。海中に建つ鳥居の下の海水が手水になっていて、島民はここで手を清めてから参拝する。境内には沖から引き揚げられた、元寇で沈んだモンゴル船の碇石《いかりいし》が置いてある。

　神集島は昭和30年代頃には鯨漁も盛んで見張場もあったという。島の南側の大敷《おおしき》波止の付け根に建つ掘立小屋の裏手には、往時の名残を示す鯨に乗った恵比寿様の像がひっそりと佇んでいる。恵比寿様は漁業の神様だが、鯨もまた神格化され、かつて両者は同一視されていた。寄鯨《よりくじら》の到来で七浦が潤うといわれ、実際に鯨を捕獲できた時には島中が歓喜に湧いて乱舞したらしい。

　神集島は飛鳥時代から奈良時代にかけて狛島亭《こましまのとまり》と呼ばれ、遣新羅使《けんしらぎし》が壱岐《いき》に向かう際に詠んだ歌が『万葉集』に残されている。島内には7つの歌碑が点在しているので、購買部で自転車を借りて歌碑巡りをするのもよいだろう。

海岸線に沿って趣のある民家が建ち並んでいる

PICK UP!

鯨に乗った恵比寿様はとても珍しい。その隣には鰤（ぶり）を抱える大師様の像もある

住吉神社境内の万葉歌碑

オレンジと青のコントラストが斬新な「荒神丸」

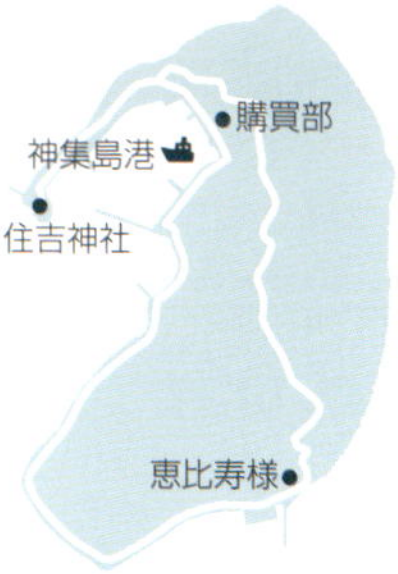

神集島 DATA
周囲：7㎞
アクセス：湊浜港から唐津汽船「荒神丸」で8分。1日9便（日・祝日は7便）。チャーター船あり
問合せ：唐津観光協会0955-74-3355

集落は島南端の斜面に営まれている

12 加唐島

かからしま／佐賀県唐津市

百済・武寧王の生誕伝承地

　加唐島は東松浦半島の北側の玄界灘に位置し、北端部のカリオ岬は佐賀県最北端の地となる。島には椿の群生地があり、天然記念物のカラスバトも生息する。集落は南端部の加唐島港に面した斜面に集まり、漁師料理を堪能できる島で唯一の民宿ゆうすげが集落の東の方に営まれている。実はこの島、昔から犬を飼うことが禁止されているだけでなく、犬が上陸したら総出で犬狩りをしたという。その理由のひとつに島の鎮守の八坂神社で犬が粗相《そそう》をしたからという言い伝えがある。

　毎年6月初旬になると、この島で催される百済の第25代・武寧《ぶねい》王の生誕祭に参加するために韓国から多くの人々が訪れる。近年、観光立国化が進んで公共施設での外国語表記も珍しくはなくなったが、島に向かう船内にはかなり以前からハングル文字が並んでいる。

　武寧王は百済に圧力をかけていた高句麗《こうくり》の南下を阻止するなどの功績を残し、当時の大国・南朝の梁《りょう》から「寧東大将軍」の称号をもらって朝鮮半島での地位を認められた。『日本書記』には5世紀後半の雄略《ゆうりゃく》天皇の時代に、百済《くだら》の昆支《こんき》王が兄・蓋鹵《がいろ》王の妊娠した妃を妻として倭国に赴き、各羅嶋（加唐島）で生まれた嶋君《しまぎみ》が百済

上左｜港近くの高台に武寧王陵の塼積（せんづみ）横穴式石室をモチーフにした碑が建つ
上右｜武寧王が生まれたと伝わるオビヤ浦の岩陰までは漁港から歩いて15分ほど
下左｜武寧王の肖像やハングルが描かれた加唐島港の防波堤アートが目を引く
下右｜毎年６月の生誕祭には韓国から多くの人がこの島を訪れる

に戻って武寧王となったと記されている。『三国史記』では出自が異なり、父は東城王《とうじょう》とされる。武寧王陵は韓国公州市宋山里《そうざんり》古墳群で発見され、523年に62歳で崩御したことが記された墓誌や絢爛豪華な副葬品が出土している。王が葬られた木棺の材は日本にしか自生しないコウヤマキで、両国の密接な関係をうかがい知ることができる。

武寧王が生まれたとの言い伝えが残る聖地のオビヤ浦は、西海岸沿いの波が穏やかな内海に面している。近くには武寧王の産湯も残るが、一方で、身籠ったまま三韓出兵に赴いた神功《じんぐう》皇后が着帯式を行った場所とも伝わる。

加唐島 DATA
周囲：15㎞
アクセス：呼子（よぶこ）港から加唐島汽船「かから丸」で約20分。１日４便
問合せ：唐津観光協会0955-74-3355

加部島（かべしま）から望む加唐島

呼子大橋と加部島。高台の赤い屋根は
風の見える丘公園の展望所

13 加部島

かべしま／佐賀県唐津市

石になった松浦佐用姫

加部島は東松浦半島北端の呼子《よぶこ》の北側に位置し、九州島とは呼子大橋でつながっている。呼子港の天然の波よけの役割を果たしていることから、以前は壁島と呼ばれていた。島の南側は山地形で北側には台地が広がる。集落は東部の加部島港のまわりの小浜《こはま》地区に営まれ、南部の片島地区にも海際に小さな集落がある。

　加部島を呼子大橋越しに見上げると、高台に白壁と赤い屋根が印象的な建物が目にとまる。この風の見える丘公園の展望所からは、南側に呼子の町並みと呼子大橋、

狛犬は玉をくわえるものや、前足で押さえつけるものが一般的だが、田島神社の狛犬は玉の上で逆立ちをする一風変わった姿

左｜元寇の時に沈没したモンゴル船の碇石。田島神社の参道際に置かれている
中｜加部島港と田島神社
下｜田島神社の拝殿。左の朱塗りの社殿には石になった佐用姫（望夫石（ぼうふせき））が祀られている

北側には武寧王《ぶねいおう》が生まれたという加唐島《かからしま》を望むことができる。

島の東側の加部島漁港を見下ろす高台にある田島《たじま》神社は肥前最古の式内社で、福岡県の宗像《むなかた》大社と同じ三女神を祀る。参道の階段を上って威厳を放つ楼門から振り返ると、参道が海の中に続いているのがわかる。境内の佐用姫《さよひめ》神社は、新羅に出兵した恋人の大伴《おおともの》狭手《さで》彦《ひこ》を唐津《からつ》の鏡山から追いかけ、悲しみあまり天童《てんどう》岳で石になった松《まつ》浦《ら》佐用姫を祀っている。

加部島北端部の断崖上に立地する杉の原牧場は、玄界灘の青と起伏のある緑の牧草地のコントラストがとても美しい。冬は北風に吹きさらされるものの、気候がいい時期には絶好の散策スポットになる。駐車場までの道は狭く離合が難しいので注意が必要である。

加部島と橋を隔てて対峙する九州本島の呼子はイカの活造りで全国に名を馳せているが、ここ加部島でも加部島漁港に面した集落内にそうした食事処がいくつか営まれている。また島の特産品として甘夏があり、風の見える丘公園の土産物屋では甘夏のゼリーやソフトクリームが売られている。

加部島 DATA
周囲：8㎞
アクセス：唐津から呼子（よぶこ）大橋経由
問合せ：唐津観光協会
0955-74-3355

杉の原牧場。右が加唐島、左は松島

左側の尖った峰が番所の辻。幕末には黒船の来航を見張った

14 馬渡島

まだらしま／佐賀県唐津市

仏教・神道の集落とキリスト教の集落

馬渡島は東松浦半島の北西、壱《い》岐《き》水道に位置する。島は山地形で平地はほとんどなく、まわりは急峻な断崖に囲まれている。港の南側に突き出た岬は「名馬の鼻」と呼ばれ、ここに初めて中国から馬が泳ぎ着いたと伝わることが島名の由来になった。

港の防波堤には児童が描いた島自慢のウォールペイントが並び、教会、野鳥、ヤギ、海の生き物など、これらの絵を見れば島の概要を把握することができる。そんな馬渡島は佐賀県で最も大きな島にもかかわらずバスやタクシーが走っていないため、島をまわるには徒歩よりほかにない。

馬渡島の中心となる集落は港に面した宮の本地区で、谷の等高線に沿って民家が並んでいる。どの家も傾斜地に建つので石垣のある風景が町並みの特徴となっている。港から谷を上って民家に向かう道は人がすれ違うのもひと苦労するほどの幅の狭い階段があみだくじ状につながっていて、その両側に瓦葺きの家々が建ち並ぶ。集落の入口には昭和の雰囲気漂う1軒の酒屋がある。その正面の丘陵上に立地する島の鎮守・馬渡神社の階段は足を踏み外すと下まで転げ落ちそうなほど急傾斜で、社殿の横には、男たちがかつて担いで力自慢をしていたという力石が残されている。この集落内には釣り客のために2軒の宿が営まれている。

馬渡島の北東の山間部には野中集落がある。この地区は周囲からの視界を遮るような谷部に形成されたキリスト教徒の集落で、江戸時代に長崎の外海《そとめ》や平戸《ひらど》、五島《ごとう》の人々が弾圧から逃れて移り住んだ。集落のシンボル・馬渡島教会は高台に建つ白壁と煉瓦色の屋根が特徴的な初期の木造教会で、明治18（1885）年に完成した長崎県平戸島の紐差《ひもさし》教会が昭和3（1928）年に移築されたという。現在はポーランド人が神父をつとめている。正面に海を望む墓地群には日本式の墓石の上に十字架を載せた形式が目立つ。

　西側山中に位置する島の最高所（標高238ｍ）・番所の辻には幕末に沿岸警備のために遠見《とおみ》番所が設けられ、有事の際にはその情報が名護屋《なごや》城経由で唐津《からつ》城に伝えられた。また日露戦争や太平洋戦争の時には壱岐《いき》水道の見張所として機能していただけあって眺望に優れている。

上｜港から馬渡島教会までは坂道を登ること30分ほど
左頁｜教会の天井はコウモリが羽を広げたような形のリブ・ヴォールト形式

馬渡島 DATA
周囲：13km
アクセス：呼子（よぶこ）港から郵正丸「ゆうしょう」で40分。名護屋港経由。１日４便
問合せ：唐津観光協会0955-74-3355

左｜島の中心の宮の本集落。谷地形に沿って町が形づくられている
右｜馬渡神社の境内に置かれた力石

15 対馬

つしま／長崎県対馬市

日本遺産「国境の島」

上｜厳原の中心地。柳が印象的な川端通り。川沿いの柵には朝鮮通信使のステンドグラスがはめ込まれている／下｜厳原にある明治創業の醤油屋。九州の醤油は本州に比べて甘くまろやかなことが特徴

邪馬台国への道程を記す中国の史書『魏志倭人伝』。韓国の金海を出航してまずたどり着くのが対馬で、絶海の孤島かつ険しい地形で深林が多いと書かれている。確かに海上から見ると、切り立った崖に囲まれているのがよくわかる。対馬海峡と朝鮮海峡を分かつこの島には、九州百名山のひとつの霊峰・白嶽《しらたけ》や、浅茅湾《あそう》を望む断崖上に築かれた城山《じょうやま》（金田城）《かなたのき・かなだじょう》、照葉樹の原始林が広がる龍良山《たてらさん》のほか、ツシマヤマネコが生息する御《み》岳《たけ》など変化に富んだトレッキングが楽しめる山も多い。

韓国までわずか50㎞の距離にある対馬は古代から外交や交易の玄関口であったが、それは同時に国防の最前線を意味していた。飛鳥時代、東アジア情勢が緊張するさなかの天智《てんじ》6（667）年に築かれた金田城はまさに唐・新羅《しらぎ》から国を守る最前線基地であった。また、明治38（1905）年の日露戦争の時には、東郷平八郎率いる連合艦隊がバルチック艦隊を撃破した日本海海戦の拠点となった。

対馬巡りの拠点となるのは島南東部の厳原《いずはら》港周辺で、川端通り界隈に食事処や旅館が集まっている。一風変わった宿として、街の西側の高台に対馬西山寺《せいざん》という宿坊がある。西山寺は対馬藩宗《そう》氏10代夫人の菩提寺で、以酊庵《いていあん》という外交機関が置かれていた。

対馬の主なスポットは車だと2日もあればひと通りまわることができる。厳原周辺では、徳川家康の時代、李氏朝鮮との国交回復の際に活躍した対馬宗氏の拠点となった国史跡の金石《かねいし》城楼門や国名勝の旧金石城庭園、そして杉林の中に佇む宗氏の菩提寺・万松院《ばんしょういん》の墓所と本堂が定番の散策スポットとなる。万松院の墓所は百雁木《ひやくがんぎ》を上り切った御霊屋《おたまや》に巨大な墓が並び、金沢の前田藩、萩の毛利藩の墓所とともに日本三大墓地のひとつに数えられる。本堂には朝鮮王朝から贈られた三具足《みつぐそく》のほかに歴代徳川将軍の大位牌も安置されて

金石城の楼門。対馬には韓国人観光客が押し寄せている

2代藩主・宗義成が建立した万松院の百雁木。階段を上ると鬱蒼とした大杉の森の中に歴代藩主の墓所がある

いる。三具足は日光東照宮の徳川家康の墓所にもあるが、東照宮の三具足は罹災後につくり直されている。大位牌とともに宗氏と将軍家との関わりの深さを物語る遺物といえよう。

健脚であれば厳原の町が一望できる清水山《しみずやま》城を訪れるのもよいだろう。街の中心から山頂まで徒歩40分ほどで登ることができる。この城は、天正19（1591）年、豊臣秀吉の朝鮮出兵の時に築かれ、佐賀県唐津《からつ》市・名護屋《なごや》城から壱岐を経て、朝鮮半島へと至るルートの重要な軍事拠点となった。

厳原では毎年8月に対馬アリラン祭が催され、徳川将軍の代替わりごとに謁見するため対馬に上陸した朝鮮通信使の行列も再現される。また対馬西岸の椎根《しいね》まで足を延ばせば、石屋根が特徴的な集落の風景に出会うことができる。

島の中部に西側から入り込む浅茅湾周辺の美津島《みつしま》町にも見所は多い。国の特別史跡・金田城は、浅茅湾の南に突き出す標高276mの岩塊である城山の急峻な自然地形を利用して延長2・8kmにおよぶ石塁を巡らせた朝鮮式山城。登山口から旧軍道をたどり、飛鳥時代に築かれた石塁や旧日本軍の施設を見ながら50分ほどで山頂まで登ることができる。山頂からの浅茅湾の眺めは絶景で、春にはゲンカイツツジでピンクに彩られる。

ところで、湾の最奥部にあたる対馬空港の北に万関橋《まんぜきばし》という赤いアーチ橋が架かっている。実はこの海峡はもともと陸続きで、ロシ

万松院本堂の三具足。左から花立、香炉、燭台

右｜椎根集落の石屋根倉庫。季節風や火災対策のために考えられたといわれている

対馬の代表的な郷土料理といえば麺料理ろくべえ（上）。下は黄金あなごの握り

アの南下政策に対抗して戦艦を通すために掘削された、朝鮮海峡と対馬海峡をつなぐ人工の水路である。橋の東側の緒方《おかた》集落から登った山の上には、日露戦争でロシアの軍艦が浅茅湾に侵入することを防いだ姫神山砲台跡があり、煉瓦積みの弾薬庫や司令室、砲台の基礎が残されている。

浅茅湾の北には和多都美《わたつみ》神社がある。この神社は豊玉姫《とよたまひめ》と夫の山《やま》幸彦《さちひこ》が祀られた式内社で、5つの鳥居のうち2つが海中に建ち、海中には竜宮の門があると伝わる対馬屈指の名所といえる。ここから山伝いに進んだ高台の烏帽子《えぼし》岳展望所では浅茅湾や朝鮮海峡を一望することができる。浅茅湾は典型的なリアス式海岸で穏やかなため真珠の養殖に適していて、居酒屋では収穫のためにアコヤ貝を開ける12月中旬から1月上旬にかけて貝柱の串焼きが出まわるので、この時期に対馬を訪れたなら珍味をぜひ食してみたい。

対馬で最も北に位置する上対馬町北端部の韓国展望所からは釜山の街並みや夜景が望めることもあり、この地が国境の島であることを実感できるだろう。また九州から中国地方の日本海側では韓国の放送を受信することも多いが、この島では気づかないうちに携帯電話が韓国のキャリアに変わっていたりもする。北西部の上県《かみあがた》町にあるバードウォッチング公園には数々の野鳥が生息し、2月になると鹿児島県出水《いずみ》平野を飛び立ってシベリアへ帰るマナヅルが休息する姿を見ることができる。この公園の近くの対馬野生生物保護センターにはツシマヤマネコに関する展示施設があり、今ではわずか1

美津島町の城山山頂（金田城）から望む浅茅湾。写真手前は1350年も前に断崖絶壁に積まれた石垣

左上｜万関橋が架かる場所は日露戦争の際に掘削された人工の水路
左下｜ツシマヤマネコは大陸と続いていた頃に渡ってきた。体にぼけた斑点があり、額から頭の後ろまで続く縞模様、そして丸い形の耳が特徴
右｜姫神山砲台跡の弾薬庫群

00頭ほどしか生息していない国の天然記念物・ツシマヤマネコに会うこともできる。

対馬の代表的な郷土料理といえば、さつまいもの澱粉でつくられた麺料理ろくべえで、素朴な出汁《だし》とプルプルした食感の麺が特徴。そのほかにも原種に近く「幻のそば」ともいわれる対州そばや、椿油で炒ってから寄せ鍋にするいりやき、豚肉入りの野菜炒めとんちゃん、最近では漁獲量日本一を誇る黄金あなごの料理が人気である。

対馬 DATA
周囲：832km
アクセス：博多港から厳原港まで九州郵船ジェットフォイルで２時間、フェリー「ちくし」「きずな」で壱岐経由４時間40分。１日２便
問合せ：対馬観光物産協会
0920-52-1566

和多都美神社。海幸彦の釣り針を探し求めた山幸彦はここで豊玉姫と出会ったとされる。干潮時には海中の鳥居まで歩いて行くことができる

左｜3重の濠によって囲まれた王都・原の辻遺跡の復元建物。日本最古の船着場も発見されている／右上｜壱岐市立一支国博物館は斬新なデザイン／右下｜古墳や復元された古民家が並ぶ壱岐風土記の丘。掛木（かけぎ）古墳は石室の中に入ることができる

16｜壱岐島

いきのしま／長崎県壱岐市

甦る弥生時代の王都

　九州島と対馬《つしま》の中間に位置する壱岐島は、対馬や五島《ごとう》列島とともに「国境の島」として日本遺産に認定されている。そんな壱岐島の深《ふか》江《え》田原《たばる》と呼ばれる長崎県で2番目に広い平野には、弥生時代を代表する静岡県登呂《とろ》遺跡、佐賀県吉《よし》野《の》ケ里《がり》遺跡と肩を並べる特別史跡・原《はる》の辻《つじ》遺跡がある。この遺跡は3重の濠によって囲まれた大集落で、中国の史書『魏志倭人伝』に登場する一支国《いきこく》の王都に特定されている。現在も遺跡の発掘調査が進んでいて、史跡公園には復元建物が建ち並び、遺跡を見下ろす高台の一支国博物館では壱岐の悠久の歴史を知ることができる。また壱岐島には長崎県内の6割にあたる古墳が存在し、島の中央部には国史跡の鬼《おに》の窟《いわや》古墳のほか、巨石で組まれた3つの石室が連なる特徴的な構造の古墳が集中している。

　古代から大陸と日本をつないできた壱岐島は4つの港を抱えてい

PICK UP!

原の辻遺跡から出土した重要文化財の人面石はまるでエドヴァルド・ムンクの「叫び」のよう。写真は一支国博物館限定クッキー

左上｜勝本港の黒瀬商店街の朝市
左下｜神功（じんぐう）皇后の三韓出兵が創建起源とされる聖母宮（しょうもぐう）に至る通り沿いにはレトロな建物が並ぶ

る。そのうち南西部に位置する郷《ごう》ノ浦《うら》港には博多港と唐津《からつ》東《ひがし》港からの旅客船が就航し、海路での壱岐観光の拠点になっている。

　漁村として活気があるのは北端部の勝本港。朝市が行われる黒瀬商店街から続く通りに、江戸時代に対馬藩が本土との往来や朝鮮通信使に同行するために滞在した屋敷の石塀が残る。また旧松本薬局や旧つたや旅館など明治・大正・昭和期の風情ある佇まいの建物が並び、江戸時代に海鮮問屋を営んでいた藤嶋家住宅は古民家カフェになっている。辰ノ島は日本の快水浴場100選の海水浴場を擁する無人島で、勝本港からの渡船や遊覧船に乗り込めば奇岩や断崖絶壁とエメラルドグリーンの透明度の高い海を満喫することができる。勝本港からはイルカパークも近い。

　一方、北西部の湯本《ゆのもと》湾沿いでは湯ノ本温泉の5軒の宿で湯巡りが楽しめる。少し足を延ばして東洋一といわれた昭和初期の黒崎砲台跡や、壱岐島屈指の観光スポット・猿岩《さるいわ》は見ておきたい。また奇岩といえば島最西端に、鬼が島をま

高さ45mの玄武岩・猿岩はまさに猿そのもの。壱岐島随一の観光スポット

たいで魚を捕った時にできたと伝わる景勝地・鬼の足跡がある。島には工芸品の鬼凧《おんだこ》や鬼の窟古墳など鬼にまつわるものが多い。猿岩近くの壱岐出会いの村にはコテージとキャンプ場が整備され、シーカヤックや筏《いかだ》釣りなどのアクティビティがある。

島の北東部、芦辺《あしべ》港の北方に位置する男岳《おんだけ》神社の様々な姿の石猿は、まるで五百羅漢のように並んでいて穴場的なスポットといえる。

郷ノ浦の橋の親柱を飾る鬼凧。壱岐島に鬼退治にやってきた武将・百合若（ゆりわか）大臣に首を切り落とされた大将・悪毒王（あくどくおう）が百合若の兜に噛みついた姿といわれる

一方、島の東部の内海《うちめ》湾は弥生時代の王都の玄関口にあたるが、おなかが丸くえぐられた6体の地蔵様が海中に並ぶはらほげ地蔵や、壱岐の小型版モンサンミシェルともいうべきパワースポット・小島神社などの見所がある。また穏やかな内海湾では真珠や牡蠣も養殖されている。

海上からは平坦に見える壱岐島も比較的起伏があるため、多くの観光ポイントが点在するこの島をまわるには、やはりレンタカーが便利だろう。

島の名物といえば、まず麦焼酎。その発祥の地として島内には造り酒屋が点在し、「壱岐焼酎による乾杯を推進する条例」まである。そして壱岐牛とウニ飯は外せないご当地グルメといえる。

上｜壱岐空港の北にある筒城（つつき）浜。日本の水浴場88選のひとつ
下｜壱岐島産の生ウニは5月から10月が旬。ウニ飯は年中楽しめる
右｜離れ島の小島神社は干潮の時だけ海が割れて参道が現れる。島全体が御神域

壱岐島 DATA
周囲：168km
アクセス：博多埠頭から九州郵船で郷ノ浦港・芦辺港へジェットフォイルで65分。1日4便。フェリー「ちくし」「きずな」で2時間20分。1日3便。唐津東港からフェリーで印通寺（いんどうじ）港まで1時間45分。1日5便
問合せ：壱岐市観光連盟0920-47-2345

17 鷹島

たかしま／長崎県松浦市

モンゴル軍の船が沈む元寇の島

　鷹島は東松浦半島の西側に伊万《いま》里《り》湾を塞ぐように位置し、鷹島肥前大橋によって佐賀県唐津《からつ》市とつながっている。この斜張橋《しゃちょうきょう》を渡り切った所に道の駅鷹ら島がある。鷹島といえば、かつては遊牧民が暮らすゲルが点在しその生活を体験できるテーマパーク・モンゴル村で知られていた。今は休村中の施設の入口には、ソフトバンクホークスの優勝モニュメントのほか王貞治《おうさだはる》会長や主力選手のサインと手形が刻まれている。鷹島はホークスとの総合交流宣言をしていて、鷹島＝ホークスアイランドとしてファンなら一度は足を運んでおきたい島である。

　鷹島沖では、鎌倉時代にモンゴル帝国が日本に襲来した元寇に関わる遺物が以前から漁の網にかかっていた。弘安の役（１２８１年）の際、元軍は４４００隻14万人の兵を送り込んで再び博多を攻めたが、文永の役の後につくられた防塁に阻まれたため一時的に撤退し鷹島沖で停泊していた。その時に再び神風が吹いて多くの船が沈没した。そして元軍の船体や冑《かぶと》、『蒙古襲来絵詞《もうこしゅうらいえことば》』などの史料でしかわかっていなかった爆弾「てつはう」などが海底から発掘されたことで、鷹島神崎《たかしまこうざき》遺跡は日本初の海底遺跡として国史跡の指定を受け、世界に比べ遅れていた水中遺跡保護の機運が高まった。海底から引き揚げられた資料は遺跡が見

渡せる松浦市立埋蔵文化財センターで見ることができる。

島北東部の日比《ひび》港近くには、湾を閉め切ってつくられた日本初の海水淡水化ダム・鷹島海中ダムがある。また島北部では良質の玄武岩・阿《あ》翁石《おういし》が産出されることもあり、あちらこちらで石の加工場をみかける。この石は博多の筥崎《はこざき》宮の重要文化財・一の鳥居にも使われている。

鷹島は日本有数のトラフグの生産量を誇り、島内に点在する食事処や旅館で味わうことができる。

左｜鷹島で養殖されている本マグロやフグは豊洲市場にも出まわる
右｜2011年にホークスが日本シリーズチャンピオンになった時の記念碑

PICK UP!

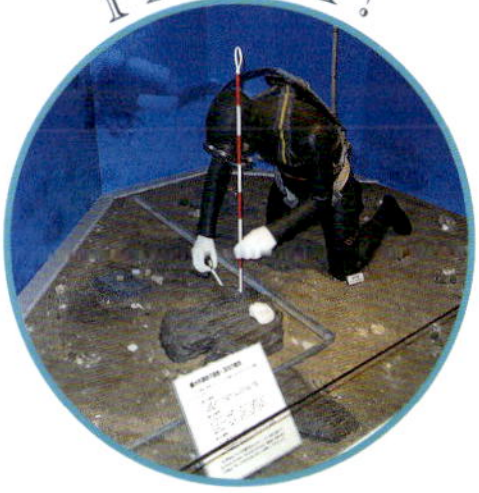

松浦市立埋蔵文化財センターの展示。鷹島神崎遺跡が眠る海底での測量の様子を再現している

この一帯の海域が鷹島神崎遺跡。水深20mから4000点もの遺物が引き揚げられている

鷹島肥前大橋と鷹島

鷹島 DATA
周囲：43km
アクセス：佐賀県唐津市肥前町から鷹島肥前大橋経由
問合せ：松浦市役所鷹島支所0955-48-3111

18 福島

ふくしま／長崎県松浦市

海を望む棚田の風景

土谷の棚田は季節や時間帯によって様々な表情を見せてくれる

　福島は東松浦半島の南西、伊万《いま》里《り》湾の東寄りに位置する。九州本島と福島を結ぶ福島大橋を渡ると大きなエビのオブジェが見えてくる。この島には豊洲にも出荷される高級車エビの養殖場がある。海の駅とれたて福の島では、地元産の農産物のほか車エビの直売が行われ、福島の情報発信施設にもなっている。生産者が経営する福島唯一の温泉宿・つばき荘に泊まれば、車エビの踊り食いを楽しむことができる。

　島に平地はほとんどなく、中心的な塩浜集落は南側の福島漁港周辺に営まれている。歴史民俗資料館ではかつて炭鉱があった時代の島の歴史を知ることができる。また毎年11月には福島ふるさと祭りが港近くで催される。

　島の西側の山道を北上すると、斜面に広大な棚田とその奥に海が見渡せる風景が姿を現す。この土《ど》谷《や》棚田は福島随一の景観スポットで、ゴールデンウィーク頃の田植えの時期には張られた水面が水鏡のように光り、また盆前後の稲刈り直前は黄金色に染まった稲穂と青い海、空のコントラストが美しい。そして9月中旬にはペットボトルでつくられた灯籠で彩られる火祭りも催され、季節によって異なる表情に出会える。

西海岸の鍋串集落を抜けた北端部の初崎には伊万里湾を望むキャンプ場が整備されている。初崎自然公園の椿の原生林は日本最大級といわれ、2月下旬頃には5万本ものヤブツバキが見頃になる。

棚田の稲刈り

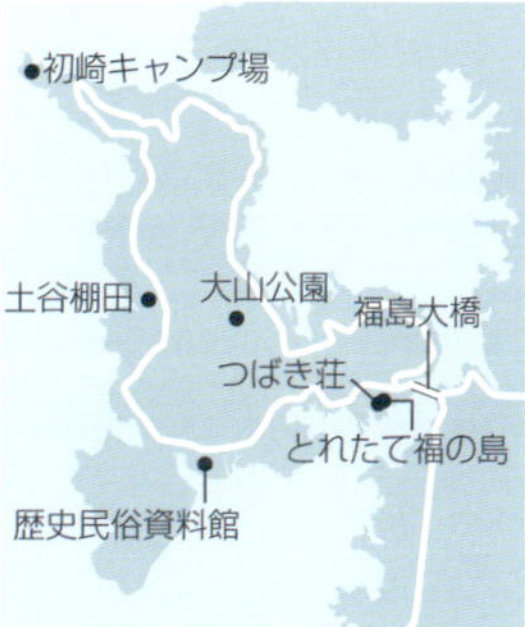

福島 DATA
周囲：40km
アクセス：伊万里市から福島大橋経由
問合せ：松浦市役所0956-72-1111

島中央部の大山公園は桜の名所で、ミニ九十九島と呼ばれるイロハ島の景色を俯瞰できる

生月（いきつき）島の大バエ灯台から見た
的山大島。左側に大きな風車群が見える

19 的山大島

あづちおおしま／長崎県平戸市

捕鯨で栄えたレトロな町並み

島の南西部の入り江に沿って建ち並ぶ神浦
の建造物群。天降（てんこう）神社から

的山大島は北松浦半島の北西に位置する。島には3つの港があり、平戸《ひらど》港発のフェリーは的山港に着く。急な坂道ばかりで平地がほとんどないこの島での交通手段には1日9便の循環バスを利用するとよいが、港では電動アシスト付きの自転車も貸してくれる。バスに乗り込んで運転席の脇に置かれたタッパーに100円を入れ、点在する棚田を眼下に眺めていると、15分ほどで谷間《たにあい》の奥に入り江を囲む小さな集落が見えてくる。

神浦《こうのうら》地区には江戸中期から昭和にかけての切妻平入《きりづまひらいり》の2階建ての民家が、幅3mほどの狭い通りの両側に軒を連ねている。建物の時代の違いは、柱から梁《はり》を支える方《ほう》杖《づえ》の形によって見分けられる。この集落は寛文元（1661）年に平戸藩政務役の井元義信《いのもとよしのぶ》が鯨組をつくったことによって栄えた。当時の鯨は1頭で4000両ともいわれるほど莫大な収入源で、平戸藩では鯨税を課して財政を潤したという。九州の島で国の重要伝統

PICK UP!

井元家歴代の墓所の一角にある元
禄5（1692）年の鯨の供養塔

的建造物群保存地区に選定されているのは沖縄県の竹富《たけとみ》島と渡名喜《となき》島とこの的山大島だけだが、それほど貴重な遺産にもかかわらず人知れず静かに佇んでいるのもこの島の魅力といえる。そうしたレトロな空間では時折住民の姿をみかけるぐらいなので、まるでタイムスリップしたかのような感覚に身を委ねることができる。神浦集落では、せの川のように宿泊できる古民家や、なかには別荘として貸し出された町家もある。

　的山大島は神浦の漁港周辺を気の向くままに歩くだけでも充分楽しめるが、東端部の大賀断崖や北部に位置する島の最高所・平ノ辻農村公園からの大根坂《おおねざか》棚田の景色も見ておきたい。また白い風車群を見渡す白浜海水浴場の南側の高台には、温泉付きの宿泊施設・漁火館《いさりびかん》がある。

島名は、弓道の的をかける土山のことを的山《あづち》ということから、平地がなく急峻な地形である島の形状に由来するのかもしれない。

神浦地区は時が止まったかのような不思議な空間

的山大島 DATA
周囲：38km
アクセス：平戸港から的山港まで「フェリー大島」で40分。1日5便
問合せ：平戸観光協会0950-23-8600

20｜生月島

いきつきしま／長崎県平戸市

平戸島から見た生月島

ダイナミックな景観と捕鯨の島

生月島へは平戸《ひらど》島の北西部から、爽やかな印象を与えるコバルトブルーの生月大橋を渡ってアクセスする。橋は三径間連続トラス橋という形式で、この手の橋としては中央部の長さが世界一を誇るらしい。博多と五島《ごとう》列島を結ぶフェリー「太古」はこの辰《たつ》の瀬戸《せと》を通る。古代、遣隋使や遣唐使が帰国する時に大陸からこの島に行き着いたことが島名の由来とされる。

集落や漁港は傾斜が緩やかな島の東側にあり、東シナ海に面した西側は急峻な地形で手つかずの大自然が残っている。生月大橋を渡り切ってすぐの道の駅生月大橋の先にある舘浦《たちうら》集落は島の南東端部にあたり、日本屈指の大きさを誇る大魚藍観音《だいぎょらんかんのん》が舘浦漁港を見下ろしている。この漁港ではウミガメは神様の使いと考えられていて、定置網に迷い込んだカメに日本酒を振る舞って再び海に帰すという。御神酒を捧げてウミガメを逃がすこうした習わしは土佐や丹後などでも見られる。集落の北端のクルスの丘公園には、戦国から江戸期にかけてのキリスト教徒でこの地で殉教したガスパル西玄可《にしげんか》の墓（ガスパル様）や、長崎を中心に多くの教会を手がけた鉄川与助が建てた山田教会（大正元〔１９１２〕年）などのスポットがある。

また東海岸中央部の壱部浦《いちぶうら》は長崎県下三大巻網漁業基地のひとつで、江戸時代には益富組《ますとみぐみ》の本拠地が置かれた日本最大の捕鯨基地であった。キリスト教との関わりや鯨漁で栄えた島の歴史や生月の海のことを知りたければ、舘浦集落の南の外れにある生月町博物館・島の館を訪れるとよいだろう。

一方、東海岸沿いを北上し西海岸に出ると塩俵《しおだわら》の断崖《だんがい》がある。この断崖は１５００万年前に海が隆起し、その上に１０００～６００万年前の溶岩流が積み重なった地層が露出する島随一の景勝地で、五角形や七角形の蜂の巣状に亀裂

左｜塩俵の断崖。波打ち際に下りる遊歩道が整備されている
下｜舘浦集落と生月大橋。奥は平戸島

左｜サンセットウェイ沿いの放牧地。日暮れ時には東シナ海が真っ赤に染まる
右上｜島の北端部に位置する大バエ灯台からは生月島の全景と雄大な東シナ海を望むことができる
右下｜生月町博物館・島の館では、鯨漁を再現したジオラマや、キリシタン関連の遺物などが多彩な手法で展示され見応えがある

PICK UP!

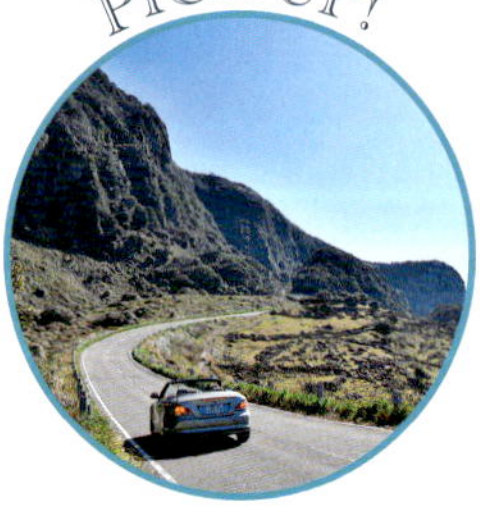

サンセットウェイは車のCMで頻繁に登場する

が入った玄武岩《げんぶがん》ひとつひとつが俵にも見える。島北端部は大婆鼻《おおばえはな》と呼ばれ、高さ100mの断崖に囲まれている。断崖上には展望所があり、絶壁の上に建つ白亜の大バエ灯台に上れば360度のパノラマが広がる。

塩俵の断崖から西海岸沿いを南下する農免道路はサンセットウェイと呼ばれ、左手にそそり立つダイナミックな岩肌、右手に東シナ海の大海原と、雄大な風景が広がる。この道は車メーカーのCM撮影に幾度となく使われているため、記憶に残っていなくても誰しもが一度は目にしているだろう。陽が西に傾くと、輝く海の背景の中で草を食む牛がシルエットになって美しい。

島の中央部のほとんどは山林で占められるが、その中に広大な敷地を持つ島民共有の牧場が点在する。山頭《やまがしら》草原もそのひとつで、海を見下ろす高台にたくさんの牛たちが放牧されている。ブランド・平戸牛はここ生月島の牧場からも生まれる。

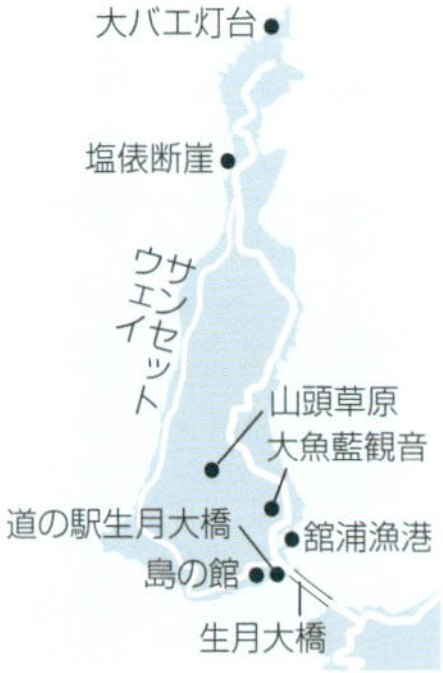

生月島 DATA
周囲：29km
アクセス：平戸島から生月大橋経由
問合せ：平戸観光協会0950-23-8600

21 平戸島

ひらどじま／長崎県平戸市

初期南蛮貿易の窓口

城下町の橋の欄干を飾る異国人のレリーフ

九州島と平戸島を結ぶ平戸大橋

平戸島は長崎県北部、北松浦半島の西に位置する。天文19（1550）年にポルトガル商館が設置されて以降、スペイン、オランダ、イギリスとの貿易の拠点として100年ほど栄えたが、寛永16（1639）年の鎖国の完成を経て、2年後に平戸のオランダ商館が長崎の出島に移されるなど、その役割は次第に長崎に移っていった。

平戸の町を歩くと、オランダ商館やオランダ橋、異人のレリーフなど異国の香りが漂ってくる。銘菓のカスドースもポルトガルの宣教師が伝えた。港に沿った町屋の通りには、徳川家康の外交顧問として仕えた三浦按針《あんじん》（ウィリアム・アダムス）の住まいも残されている。これらの見所は、港に面した交流広場が起点で、平戸温泉の足湯・うで湯が終着点となる全長13㎞の九州オルレ・平戸コースにも取り込まれている。

上｜オランダ商館倉庫は日本最初の洋風建築物。寛永16（1639）年当時の姿で復元されている
中｜蔦屋（つたや）は文亀２（1502）年創業の九州最古の菓子屋。２階には三浦按針が住んでいた
下｜港にせり出す丘陵の頂部に築かれた平戸城

平戸はキリスト教との関わりが深い。鹿児島に上陸しキリスト教をもたらした宣教師フランシスコ・ザビエルは、その翌年の天文19年にこの地で布教活動をしている。町屋の中心に位置する宮の町から山側に続く石畳をザビエル記念教会の方へ上がると、平戸の象徴的な空間として知られる寺院と教会の見える風景に出会うことができ、後ろを振り返れば平戸港の奥に平戸城が望める。記念教会は昭和初期に建てられた鉄筋コンクリート造りで、向かって左側のみに八角堂があるアシンメトリーになっていることには意外と気づかない。

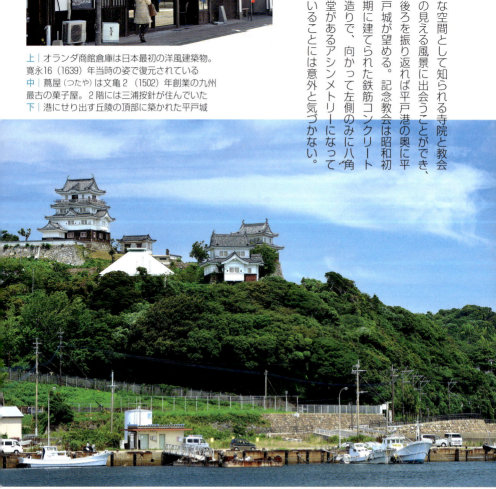

寺院と教会の見える風景。光明寺の奥に平戸ザビエル記念教会が見える

平戸島 DATA

周囲：204㎞

アクセス：平戸市田平（たびら）町から平戸大橋経由

問合せ：平戸観光協会0950-23-8600

一説には建設途中で資金が底をついたことが理由とされる。

　旅の拠点は平戸大橋を渡ってすぐの平戸港周辺部の島北東部で、温泉付きのリゾートホテルなども点在する定番の観光地になっているが、島の中部にも平戸の自然や歴史を知ることができる場所があるので足を延ばしてほしい。東シナ海側の人津久《ひとつく》海水浴場は2㎞ほ

ど南の根獅子《ねしこ》の浜海水浴場と並ぶ美しい海水浴場で、遠浅の海には岩場もあって磯遊びもできるため地元の人たちの贅沢な遊び場になっている。

ここから海岸線沿いに車で10分ほど北上した高台にある獅子《しし》の棚田は、背後に東シナ海の大海原が広がる。この風景は、生月《いきつき》大橋近くに位置し、世界遺産・長崎と天草地方の潜伏キリシタン関連遺産を構成する春日の棚田や、神道と

平戸の凧は鬼洋蝶（おにようちょう）と呼ばれる。平戸藩が松浦水軍として活躍した江戸時代、航行に必要な風の動きを知るための道具だった

「平戸島の文化的景観」を構成する獅子の棚田。獅子集落の北側にある。背後には五島列島が見える

キリスト教が融合した平戸における潜伏キリシタンの聖地・安満《やすまん》岳などとともに「平戸島の文化的景観」として国の重要文化的景観に選定されている。

一方、平戸の瀬戸に面した東側には2つの教会がある。現存する紐差《ひもさし》教会は昭和4（1929）年に鉄川与助によって建て直された。長崎市の旧浦上《うらかみ》天主堂が被爆して再建されるまでは日本最大の天主堂であった。明治31（1898）年に建てられた宝亀教会は赤煉瓦造りの外観が特徴的である。

PICK UP!

名物は平戸牛とあごだしがきいた平戸ちゃんぽん

22 九十九島

くじゅうくしま／長崎県佐世保市

日本三大松島

北松浦半島の西、佐世保《させぼ》湾周辺に点々と浮かぶ九十九島は大小208もの島々からなり、西海国立公園の一角を占める。黒島・高島・前島・鼕泊《とうどまり》島の4島のほかは無人島である。

九十九島は、宮城県松島、熊本県天草松島とともに日本三大松島のひとつに数えられ、島密度は日本一といわれる。また九十九島湾はフランスのモンサンミシェル湾などとともに「世界で最も美しい湾クラブ」にも加盟している。

九十九島観光は、海洋生物に関する体験型メニューや大水槽を備えたパールシーリゾートが拠点になる。島巡りの定番になっている遊覧船もこの施設から発着し、海賊に囚われて脱出するという設定の体験型クルーズなどが期間限定で催されているし、シーカヤック、ヨットセーリングで島の造形美を間近でゆっくり楽しむのもよいかもしれない。島々の全景を望みたいのであれば、展海峰《てんかいほう》、石岳《いしだけ》展望台、弓張岳《ゆみはりだけ》展望台など九十九島の東側を中心とした多数のビューポイントで朝夕と様々な表情を見せるシーンに出会える。パールシーリゾートの近くには大型宿泊施設ベイサイドホテルリゾートもあるので滞在すればゆっくりできる。

土産の定番はウミガメの甲羅をあしらった九十九島せんぺい。

パールシーリゾートから出航する遊覧船。右側の「みらい」は海賊船に見立てた日本初の電気推進遊覧船

石岳展望台からの眺め。この景色は映画「ラストサムライ」の冒頭のシーンで使われた

マッシュルーム形の島が点在する様はパラオの世界遺産・ロックアイランドのよう

九十九島 DATA
アクセス：パールシーリゾートまで西九州自動車道佐世保中央 I.C. から 7 分
問合せ：佐世保観光情報センター 0956-22-6630

23 黒島

くろしま／長崎県佐世保市

十字架の島

九十九島208島のひとつ黒島は九十九島の中で最も大きく、北松浦半島の南西に位置する。島名は十字架の意味を持つポルトガル語のクルスがなまったことが由来とされ、島民の8割がキリスト教を信仰している。島は山地形で起伏に富んでいる。島の中央の谷部には、世界遺産・長崎と天草地方の潜伏キリシタン関連遺産の構成資産「黒島の集落」に含まれる黒島天主堂が建ち、この教会をひと目見るだけでも島に渡る価値はあるだろう。

明治35（1902）年に建てられた教会は、アーチ形の窓枠の意匠が印象的な中世ロマネスク様式の3層の煉瓦積みで、背後から見た祭壇部分が、ちょうどイタリア・アルベロベッロのトゥルッリのように、円柱形の壁に三角錐屋根が載る形状をしている。天井はリブ・ヴォールト（こうもり天井）で、天井の木目は経費節約のため安価な板材に手作業で描いたものだという。このように限られた財源の中で苦労して建てられた歴史が今でも語り継がれ、教会は島のシンボルとなっている。祭壇の床には有田焼のタイルが敷き詰められ、また当時のままのフランス製ステンドグラスを透《とお》して床に映る赤と青の輪郭のぼやけた柔らかな光は幻想的で、現世とは違う空間にいるように錯覚してしまう。この教会を設計から手掛けたのはフ

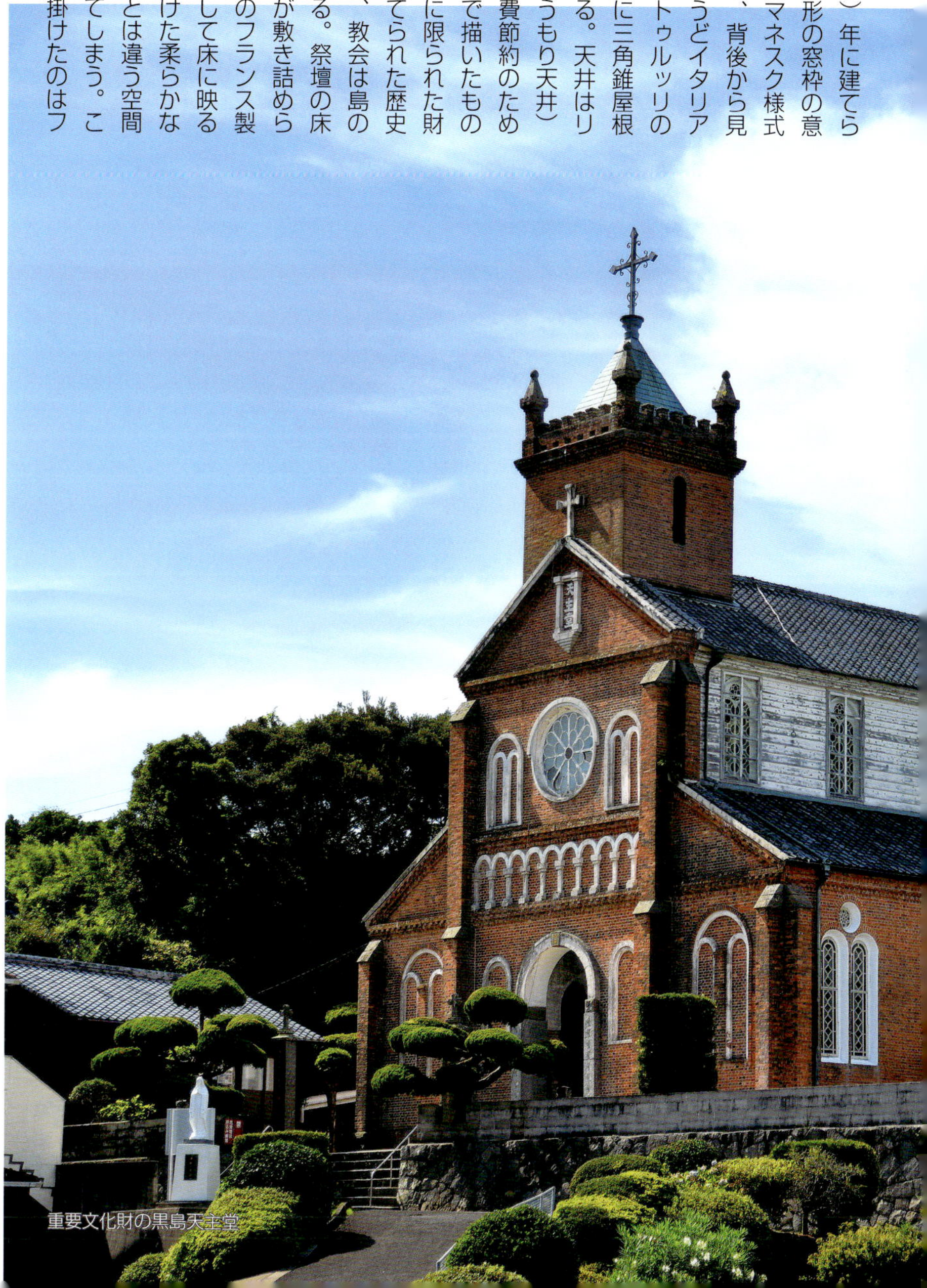

重要文化財の黒島天主堂

栈橋横のウェルカムハウス。電動アシスト付き自転車やちょっとした土産物も調達できる

右上｜背後からみた天主堂。祭壇の部分にあたる屋根が円錐形になった独特のフォルム
右｜蕨地区をはじめとして昔ながらの散村が残る
下｜マルマン神父の墓は共同墓地に佇んでいる

黒島 DATA
周囲：13km
アクセス：佐世保市営相浦（あいのうら）栈橋から黒島渡船で50分（高島経由）。1日3便
問合せ：黒島観光協会0956-56-2311

ランス人のマルマン神父で、彼は五島列島の福江島から奄美大島《あまみおおしま》や沖縄での布教活動を経てこの島に赴き、没後、教会からほど近いカトリック共同墓地に葬られた。

南西部の蕨《わらべ》地区は江戸時代後期に人口が増加した長崎本土の外海《そとめ》や生月島《いきつきしま》から移住してきた潜伏キリシタンによって開拓され、人々は仏教寺院でマリア観音に祈りを捧げながら信仰を続けてきた。石垣や、季節風から家を守るアコウなどの防風林、そして家の背後に畑が配置され、人々の暮らしが今も景観と一体的に残っているため国の重要文化的景観「佐世保黒島の文化的景観」に選定されるとともに世界遺産の構成資産でもある。

黒島では天水と呼ばれる、日本では珍しく硬度の高い天然水が湧き出す。天主堂から蕨展望所へ向かう途中のカフェ海咲《みさき》では、この水で淹《い》れたコーヒーが飲める。

伊王島灯台。もとは日本初の鉄造六角形の洋式灯台。高倉健の遺作となった映画「あなたへ」のロケ地

24 伊王島

いおうじま／長崎県長崎市

白亜の灯台がある風景

伊王島は長崎港の南に位置し、沖之島と伊王島の2島からなる。

本島寄りの沖之島には、長崎港を見下ろす集落の外れの高台に中世ヨーロッパの城のような教会が建っている。この馬込教会は沖之島教会、聖ミカエル天主堂などいくつかの名前を持つゴシック様式の鉄筋コンクリート造りで国登録文化財になっている。昭和6（1931）年に建て替えられた。

北側の伊王島はバブル期にはリゾート施設であるルネサンス長崎・伊王島が人気を博し、近年、アイランドナガサキとして生まれ変わった。ホテルやコテージ、レストラン、スパなどの施設のほか、スタンドアップパドルボート、シュノーケリング、スキューバダイビングなど海のアクティビティが充実している。なかでもアイランドルミナはカナダのデジタルアート集団が手がけた体験型ナイトウォークで、約800mの夜の森の中を進みながら幻想的な世界を冒険するアトラクションとして施設

煉瓦色の屋根と白壁で統一されたアイランドナガサキの施設

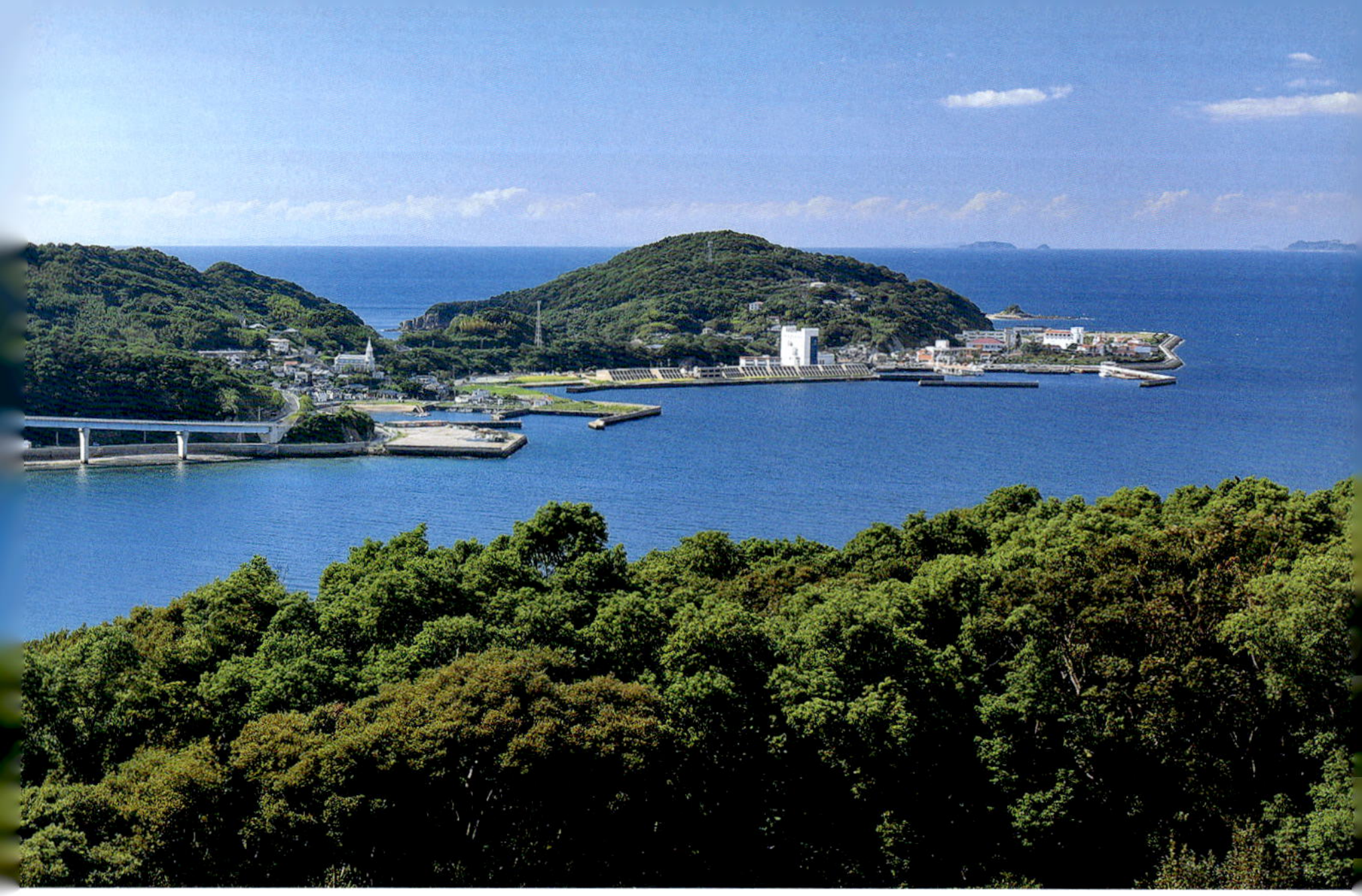

造船・石炭産業振興による埋め立てで本島と陸続きになった香焼（こうやぎ）町の香焼総合公園展望所から見た伊王島。長崎百景のひとつ。馬込教会の姿も見える

のイチオシメニューになっている。また、アイランドナガサキには、世界遺産・明治日本の産業革命遺産の構成資産である端島《はしま》（軍艦島）へのクルーズ船も周航している。長崎市街地の観光とセットで施設に滞在するのもよいだろう。

　島の北端部の伊王島灯台は、アメリカ・イギリス・オランダ・フランスと結んだ江戸条約に基づき設置された8つの灯台のうち唯一九州につくられたもので、長崎港へ外国船が入港する時の安全を保った。原爆の爆風により傷《いた》んだために建て替えられ、平成15（2003）年には建設当初の姿で復元された。頂部のドームは明治3（1870）年の建設当時のもの。伊王島灯台の下には灯台守の宿泊所であった洋館が残されている。明治10年に建てられた日本初の無筋コンクリート建物で、現在は灯台記念館になっている。

　伊王島にはほかにも千畳敷《せんじょうじき》、伊王島海水浴場、俊寛僧都《しゅんかんそうず》の墓碑などの観光ポイントがある。

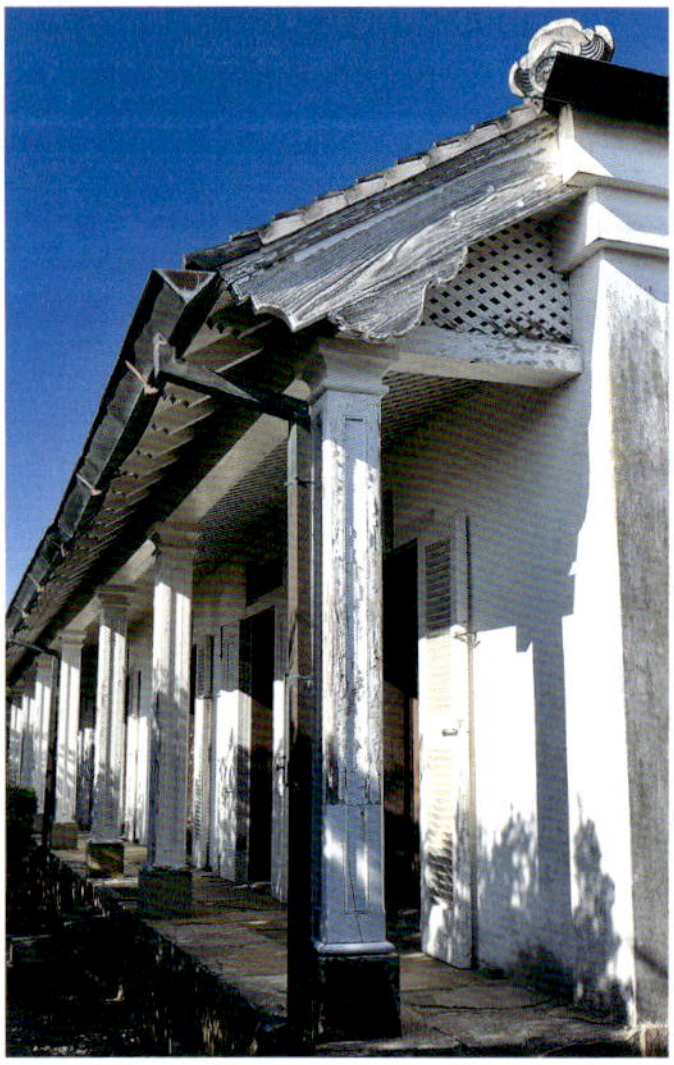

伊王島灯台下の灯台記念館。明治10年に建てられた。長崎県指定有形文化財

右｜馬込教会のステンドグラス
下｜島民の7割がキリスト教徒。
教会は夜にはライトアップされる

伊王島 DATA
周囲：13㎞
アクセス：長崎市から伊王島大橋経由
問合せ：長崎国際観光コンベンション協会
095-811-0369

島の南西側から見た姿はまさに軍艦。三菱長崎造船所でつくられた戦艦「土佐」に由来する

25 端島

はしま／長崎県長崎市

明治日本の産業を支えた炭鉱の島

端島は長崎半島の西に位置する南北480m、東西160mの小さな島で、高層アパートが建ち並ぶ島の外観が軍艦に見えることから軍艦島と呼ばれている。この島は世界遺産・明治日本の産業革命遺産の構成資産「端島炭鉱」で、明治から昭和にかけて石炭を採掘する労働者とその家族で賑わいを見せたが、昭和49（1974）年の閉山後は無人島になり、現在はツアーでのみ訪れることができる。

端島炭鉱は江戸時代後期に発見され、その後、佐賀藩が小規模な採掘を行っていたが、明治23（1890）年に三菱が買い取り、閉山に至るまで島を拡張しながら深さ1000mの地中に眠る石炭を採掘し続けた。島の周囲には高い防波堤を巡らせ、さらに炭鉱関係の施設を守るために高層アパートに防潮堤の役割を持たせて配置した。しかし台風のときには7階建てのアパートを越えるような波が押し寄せることもあるため、島内に入った海水を排出できるような工夫もされている。

採炭関係の施設は島の東側に集まり、竪坑《たてこう》、巻き上げ櫓《やぐら》、貯炭場、石炭運搬船に積み込むためのベルトコンベアーの基礎、事務所が残っている。島の最高所には幹部クラスのアパートが島を見下ろすように建ち、海に面した低い場所に労働者が住む鉄筋コンクリート造りのアパート群が林立している。かつて島には学校や病院のほか映画館やパチンコホール、テニスコートなどの施設が揃い、7階建ての小中学校には給食を運ぶためのエレベーターも備えられていた。10階建てのアパートの屋上にあった保育園には最盛期に2200人もの園児がいて、今も屋上に残る滑り台で遊んでいた。島には土地がないため、アパートの上に日本で初めての屋上菜園もつくられた。

テレビ、洗濯機、冷蔵庫のいわゆる三種の神器の普及率が20%に満たなかった昭和30年代、驚くこ

PICK UP!

軍艦島への上陸証明書や現地の石炭をもらえるツアーもある

島を取り囲む防波堤の際に高層アパートが建ち並ぶ

上｜写真左の煉瓦塀は明治時代につくられた島の中枢の総合事務所。右側は第２竪坑に行くための桟橋。その奥は島の高台に建つ幹部のアパート
下｜日本最古の高層アパートの30号棟。大正５（1916）年に建てられた。７階建て鉄筋コンクリート造り

とに端島ではどの世帯にも揃っていたという。また採炭の最盛期には５３００人もの人々が住む、東京都の６倍という世界一人口密度が高い端島は「島にないのは墓地と火葬場だけ」のまさに最先端の都市であった。また、労働者の賃金も当時の平均の４倍はあったという。この島で生活するための電気は高島から海底ケーブルで送電され、生活用水も当初は海水を蒸留していたが、後には対岸の長崎市から延長６・５㎞の海底送水管が整備された。

　エネルギーが石炭から石油に転換されると端島炭鉱はその役割を終え、突然の閉山によって全島民は足早に離島せざるを得なかった。そのため、家財や雑貨がアパートに置き去りにされたままの状態で歳月を刻んでいる。

　端島に上陸するツアーは、トーマス・グラバーが出資し採掘をはじめた炭鉱発祥の地・高島で、世界遺産の構成資産「高島炭鉱」と石炭資料館を見学できるコースもあるので、事前に自分に合ったものを選ぼう。上陸するなら波が穏やかな日を狙って訪れたい。

端島 DATA
周囲：１㎞
アクセス：常盤（ときわ）桟橋、元船桟橋、長崎港ターミナルなどからクルーズ船で約30分。午前と午後の２便
問合せ：長崎国際観光コンベンション協会095-811-0369

26 野崎島

のざきじま／長崎県北松浦郡小値賀町

廃墟に佇む丘の上の教会

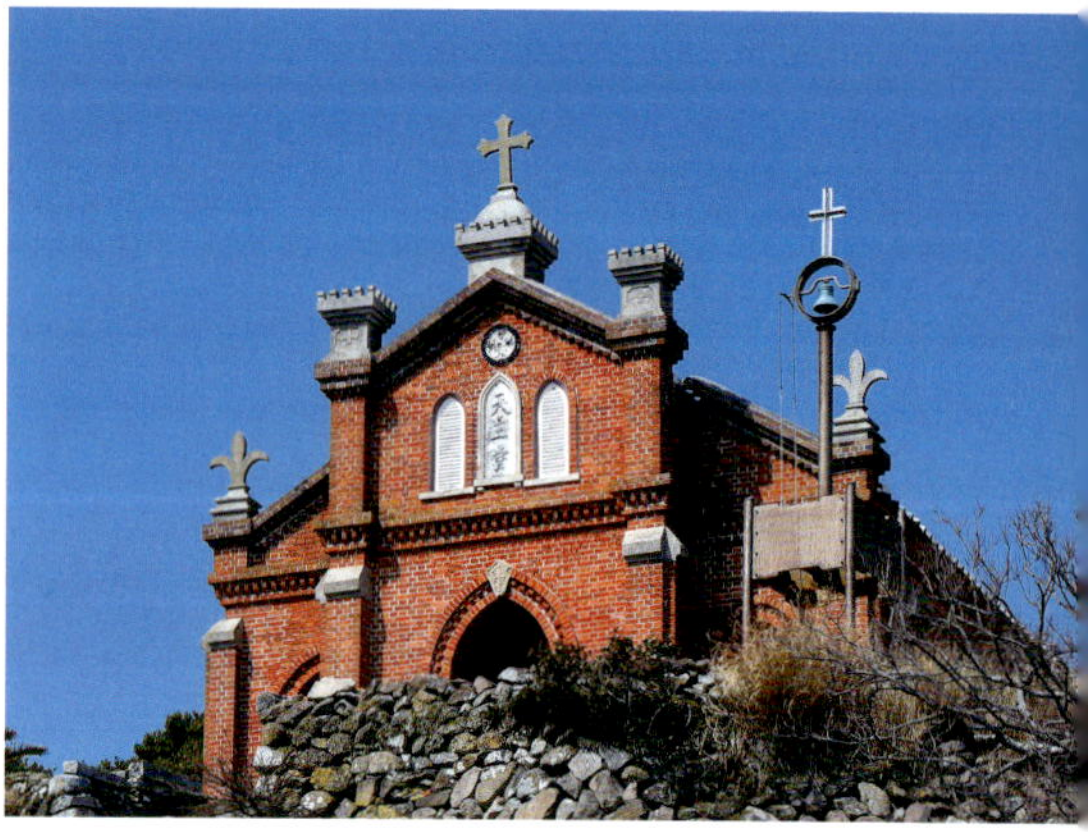

上｜旧野首教会は鉄川与助が初めて手がけた煉瓦積みの教会。長崎県指定有形文化財で世界遺産の構成資産でもある

左｜旧野首教会。右側の建物は昭和60（1985）年に閉校になった小学校。今は自炊型の宿泊施設となり、事前予約すれば利用できる

野崎島は五島《ごとう》列島の北部、小値《おぢ》賀島《かじま》の東に位置する。西海国立公園の一角を占め、全島が「小値賀諸島の文化的景観」に選定されている。かつては野崎・野首《のくび》・舟森《ふなもり》の3つの集落があったが、平成13（2001）年に沖《おき》ノ神島《こうじま》神社の神官が島を離れてからは無人島となった。今は島の魅力を伝えるNPO法人おぢかアイランドツーリズム協会が運営する簡易宿泊施設・自然学塾村のスタッフが島を管理している。

急峻な崖に囲まれた野崎島には、自然が織りなす景観と、かつての島民たちが築いてきた歴史が凝縮されている。島の中央東側の野崎港に面した野崎集落跡は、神社や民家、神官の居宅などすべてが廃墟と化した不思議な空間を形成し、あちらこちらで気ままにくつろぐ野生のキュウシュウジカに出会うことができる。廃墟マニアなら垂《すい》涎《ぜん》の地といえるだろう。

野崎集落から西側の山道を上り、絶壁の裾に300mにわたって白

小値賀島笛吹（ふえふき）港発の船が着く野崎港周辺の廃屋。人々の手によって積まれた石垣が歴史を物語る

砂が続く野首海岸を眼下に見ながらしばらく進むと、高台に建つ教会と段々畑が印象的な野首集落跡の風景が目に飛び込んでくる。旧野首教会は、リブ・ヴォールト天井を備えた煉瓦造りの建物で、長崎の教会群の建築を手がけた鉄川与助が設計し明治41（1908）年に完成した。島南端に位置する舟森集落は野首集落とともに、江戸時代後期に長崎本土の外海《そとめ》から移住してきた潜伏キリシタンが切り開いた集落で、人々は孤立した断崖上の急斜面で神社の氏子を装って共同体を維持しながらひっそりと生活を営んでいた。2つの集落跡は禁教時の移住の実態を示すことから、「野崎島の集落跡」として世界遺産・長崎と天草地方の潜伏キリシタン関連遺産の構成資産になっている。

島の鎮守・沖ノ神島神社は、標

右頁｜島内には400頭のシカが棲む。野崎島には天然記念物のカラスバトも生息している

左｜弧状の海岸線は火口の跡。北崎展望所は野崎集落の北の外れにあるあずまやが目印。右奥に向かって延びる鋸の歯のような岬は「軍艦瀬」や「ゴジラの尻尾」と呼ばれる

小値賀島から見た野崎島の朝焼け

沖ノ神島神社の背後にそそり立つ王位石。上にはテーブル状の巨岩が載る。日本版ストーンヘンジともいえるミステリースポット

PICK UP!

王位石まではガイドの同行が条件になっている。野崎港から１時間半ほどのトレッキング

高350mの最高所・平《ひら》岳を越えた島の北端部の急峻な崖面に鎮座している。神社の御神体・王位石《おえいし》までは、赤土のサバンナやガレ場を進み、イスノキやヤブツバキが群生する薪炭林《しんたんりん》、そして巨岩が点在する森を抜ける。神社の祭神は鴨《かも》分《わけ》一《いち》速《はや》王命《おうのみこと》という航海安全の神様で、この祭神は五島列島の総鎮守にもなっている。社殿の背後にそびえ立つ高さ24mの王位石の2本の石柱の隙間からは、海を隔てた小値賀島に慶雲元（704）年に分祀された地《ち》ノ神島《こうじま》神社を望むことができる。

野崎島 DATA

周囲：16km

アクセス：小値賀島笛吹港から町営交通船「はまゆう」で30分。１日２便。第１・３日曜日は運休

問合せ：NPO 法人おぢかアイランドツーリズム協会0959-56-2646

笛吹郷の路地裏はまるでタイムスリップしたかのような空間。島民に酒豪が多いのか、あちらこちらに空の一升瓶が山積みされている

27・28 小値賀島・斑島

おぢかじま・まだらじま／長崎県北松浦郡小値賀町

古民家ステイと漁村の原風景

五島《ごとう》列島は『古事記』の国産み神話に登場する「知訶《ちか》島」とされ、小値賀島はその名を伝えている。五島列島の北部に位置するなだらかな地形の島で、もとは東西2つの島に分かれていたが、鎌倉時代末期の新田開発により海峡を埋め立てた建武《けんむ》新田を介して陸続きになった。この島は人が大の字に寝転んだ形をしている。その右脇の部分にあたる南部の笛吹《ふえふき》郷が旅の拠点となる。島内には路線バスや予約制タクシーも走っているが、季候が良ければ港のターミナルでレンタルできる電動アシスト付き自転車で風を感じながら島を巡ることをおすすめしたい。

懐かしい原風景が残るこの島は、北海道美瑛《びえい》町の呼びかけで結成された「日本で最も美しい村」連合に加わっていて、九州の島としては鹿児島県喜界島《きかいじま》とこの島だけである。また古代は遣唐使船の通過点、中世は中国との交易により港湾都市として栄え、さらに近世に至ると捕鯨基地になって経済成長を遂げた。そうした名残をとどめるこの島は野崎島などとともに、笛吹・柳、前方《まえかた》、新田、唐見崎《からみざき》、長崎鼻の5地区が「小値賀諸島の文化的景観」に選定されている。

小値賀港がある笛吹郷には笛吹本通り沿いに飲食店が集まる。本通りと笛吹東通りの間の路地には江戸から明治期に捕鯨や酒造などで栄えた町並みが残っていて、どこか懐かしさを感じる空間は路地裏好きにはたまらない時間を与え

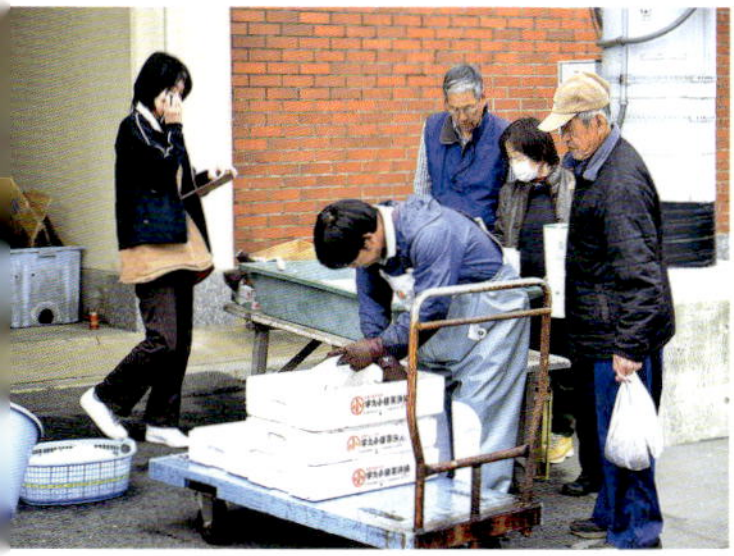

笛吹郷の漁協の前の朝市。新鮮な魚を求めて人が集まる

柳郷の古民家・一会庵。古民家ステイは小値賀島の魅力のひとつ

てくれる。漁師町らしく島ネコがくつろぐ姿もあちらこちらで見られる。笛吹郷と柳郷には宿泊可能な古民家も多いので、せっかく小値賀島を訪れたなら古民家ステイや民泊を楽しむのもよいだろう。

島の東部、前方郷に鎮座する地《ち》ノ神島《こうじま》神社は、野崎島の沖《おき》ノ神島《こうじま》神社から分祀された。笠木の両端の反りが特徴的な肥前型鳥居が海際に建ち、前方湾の沖合には野崎島の急峻な崖に貼りつく沖ノ神島神社と王位石《おえいし》を望むことができる。

北東端部の唐見崎地区の集落では共同井戸など昔の生活様式が残っている。また唐見崎の沖合の山見沖海底遺跡からはタイや中国の陶器・陶磁器が発見されていて、近世初期の交易の一端を物語る。

島の北西部の柳郷には長崎鼻と五両《ごりょう》だきという見所がある。長崎鼻は岬の広大な放牧地で、東シナ海を背景に草を食む牛たちののど

左｜赤浜海岸。火山礫（かざんれき）で海岸が赤く染まる
右｜地ノ神島神社と野崎島の沖ノ神島神社は前方湾を挟んで対峙する

斑島の溶岩台地にできたポットホール（甌穴）。白い鳥居が目印。玉石さまと呼ばれ信仰の対象になっている

PICK UP!

島のお土産の定番は落花生と、落花生100％のピーナッツペースト「HAO !」。そしてキュウシュウジカをモデルにした「ちかまるくん」グッズ

小値賀島・斑島 DATA

周囲：小値賀島57km、斑島６km

アクセス：博多埠頭から野母（のも）商船フェリー「太古」で５時間。１日１便。佐世保港から九州商船フェリー「いのり」で３時間、高速船「シークイーン」「びっぐあーす２号」で１時間30分

問合せ：問合せ：NPO 法人おぢかアイランドツーリズム協会0959-56-2646

かな風景に出会うことができる。小値賀島では「牛注意」の強烈な絵柄の道路標識を目にするが、この島の仔牛たちは松阪や神戸に渡ってブランド牛になるらしい。五両だきは海水に浸食された火口の跡で、緑の松、白い砂浜、赤い断層のコントラストが美しい。

小値賀島の北西部まで来たなら、斑大橋でつながった斑島北東端部のポットホールまで足を延ばしたいところ。岩の裂け目から出入りする海水の勢いで直径50㎝の玉石が周囲の溶岩を削ってできた深さ３ｍほどの甌穴《おうけつ》は、国の天然記念物に指定されている。

毎年、小値賀島では教会や寺院、古民家などを会場にした小さな国際音楽祭が催され、一流アーチストによるレッスンを受けることもできる。浜崎鼻では春から秋にかけて星空ナイトツアーも行われる。

五島の海の幸の旨さは格別で、玄界灘を擁する福岡にも流通する。

前方湾に面した古民家レストラン藤松。捕鯨と酒造りで財を成した藤松家の屋敷だった。要予約

29 中通島

なかどおりじま／長崎県南松浦郡新上五島町

鉄川与助が手がけた教会群

五島《ごとう》列島は壱岐島《いきのしま》・対馬《つしま》とともに「国境の島」として日本遺産に認定されている。その北部に位置するのが中通島。平地は少なく、まわりを急峻な傾斜地に囲まれている。全国の教会の10％以上が長崎県に存在するが、ここ中通島には様々な様式の29ものカトリック教会が点在し、島の形は十字架のようにも見える。観光物産協会で巡礼手帳を手に入れて、教会に置

上左｜五島石の石畳や石垣が残る友住集落／上右｜鯨漁で栄えた赤尾集落。五島石を用いた民家の腰板石はサツマイモを床下で貯蔵する際、温湿度管理や動物の侵入を防ぐことに適していたらしい／下｜頭ヶ島大橋と中通島

左｜有川地区の蛤浜（はまぐりはま）海水浴場は日本の水浴場88選のひとつ
右｜深夜に博多埠頭を発ち五島の島々を経由する「太古」は早朝に青方港に着く

かれたスタンプを押しながら教会巡りを楽しむのもよいだろう。また毎年12月中旬のチャーチウィークには、ライトアップした聖堂で6夜連続のクラッシックコンサートも催される。

　中通島に宿泊するなら食事処も多い有川地区や青方《あおかた》地区など港の周辺が便利だが、島内には様々な体験ができる民宿から、東シナ海に沈む夕陽を望む露天風呂を備えたマルゲリータなどのリゾートホテルまで、それぞれの旅のスタイルに合わせた宿の選択肢が用意されている。

　中通島へのアクセスの拠点となる有川港は島の北東部に位置し、佐世保《させぼ》や長崎からの高速船やフェリーのほか小値賀島《おぢかじま》方面への航路を持つハブ港になっている。開放的なターミナル内の鯨賓館《げいひんかん》では江戸時代から昭和にかけて捕鯨で栄えた町の歴史をパネルや映像で学ぶことができ、また港の近くには観光物産館や、五島名物・地獄炊きうどんが食べられる五島うどんの里、寿司屋がある。

　有川地区の北東端部にあたる崎浦まで足を延ばして友住《ともすみ》集落と赤尾集落という小さな漁村の路地巡りを楽しむのもいいだろう。そこは時折お年寄りの姿を見かけるぐらいの静かな集落だが、幕末から昭和前半期にかけて石材業と捕鯨で栄えた。良質な砂岩である五島石の石畳や民家の腰板石などが生活の中に溶け込んだ風景は「新五島町崎浦の五島石集落」として重要文化的景観に選定されている。中通島東部で産出する砂岩は、重要文化財・頭ヶ島《かしらがしま》天主堂のほか、長崎市のグラバー邸やオランダ坂にも使用された。

　豊臣秀吉が天正15（1587）年に出したバテレン追放令と江戸幕府による禁教令によりキリスト教が弾圧されるなか、江戸時代後期に五島藩主の要請で西彼杵《にしそのぎ》半島の外海《そとめ》地区から多くの潜伏キリシタンが五島へ移住した。そして明治6（1873）年の禁教令廃止とともに各地に教会が建てられた。特に中通島には多くの教会が点在していて、今ではこの島を代表する観光スポットになっている。

　なかでも島の北部の上五島地区、奈摩《なま》湾を望む高台に建つ青砂ヶ浦《あおさがうら》天主堂は、鉄川与助が初期に手がけて明治43年に竣工した赤煉瓦造りの教会で国の重要文化財に指定されている。内部は連続するアーチとそれを支える柱によるアーケードで中央と左右に分かれ、天井はリブ・ヴォールト形式になっている。奈摩湾を挟んで青砂ヶ浦天主堂と反対側に位置する矢堅目《やがため》公園は円錐形の奇岩がある景勝地で、湾の入口にあたる高台に遊歩道が整備されている。東シナ海の夕陽

赤煉瓦造の青砂ヶ浦天主堂と特徴的なステンドグラス

スポットとして知られるが、日中も小値賀島など五島列島北部の島々と紺碧の海の眺望が素晴らしい。奈摩の集落から公園に至る海岸縁には塩づくり工房があり、併設された物産館・矢堅目の駅では名物の塩ソフトクリームを食してみたい。矢堅目公園から西海岸を南下した青方港近くの大曽《おおそ》教会は赤煉瓦造りで、青砂ヶ浦教会の3年後に鉄川与助の設計により建てられ、西ドイツ製の桜模様のステンドグラスが今も残されている。

新魚目《しんうおのめ》地区は中通島の中央から北に向かって岬状に延びる地域。島の中でも特に平地が少ない険しい地形となる。この厳しい環境下で育まれた漁村と斜面地の農村という対照的な生業形態が「北魚目の文化的景観」として重要文化的景観に選定されている。この地はまた、鉄川与助の出身地でもある。彼の父は棟梁であったが、明治32年、与助が

左｜若松地区の中ノ浦教会。波が穏やかな日には水鏡のように教会の姿が水面に映る。満潮時の午前中に訪れよう
右｜鉄川与助の処女作である木造の冷水（ひやみず）教会。27歳の時の作品で明治40年に竣工した

料金受取人払郵便

博多北局
承認

0215

差出有効期間
2020年 8 月31
日まで
（切手不要）

郵便はがき

812-8790

158

福岡市博多区
奈良屋町13番 4 号

海鳥社営業部 行

通信欄

通信用カード

このはがきを，小社への通信または小社刊行書のご注文にご利用下さい。今後，新刊などのご案内をさせていただきます。ご記入いただいた個人情報は，ご注文をいただいた書籍の発送，お支払いの確認などのご連絡及び小社の新刊案内をお送りするために利用し，その目的以外での利用はいたしません。

新刊案内を［希望する　希望しない］

〒　　　　☎　（　　）

ご住所

ご氏名《フリガナ》　（　　歳）

お買い上げの書店名　　**九州の島めぐり**

関心をお持ちの分野

歴史，民俗，文学，教育，思想，旅行，自然，その他（　　）

ご意見，ご感想

購入申込欄

小社出版物は全国の書店，ネット書店で購入できます。トーハン，日販，大阪屋栗田，または地方・小出版流通センターの取扱書ということで最寄りの書店にご注文下さい。なお，本状にて小社宛にご注文いただきますと，郵便振替用紙同封の上直送致します（送料実費）。小社ホームページでもご注文いただけます。http://www.kaichosha-f.co.jp

書名		冊
書名		冊

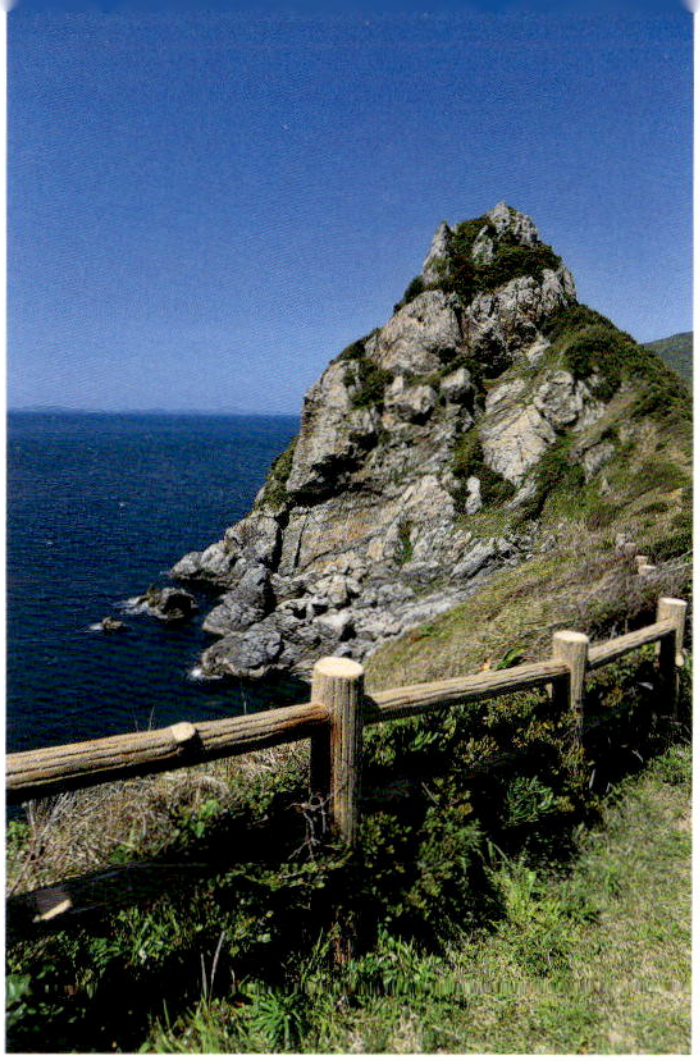

矢堅目公園の奇岩。地元では
トトロ岩とも呼ばれている

矢堅目の駅では、薪を使った直火製法で海水をひたすら煮詰める伝統的な塩づくりが行われている

20歳の時、曽根天主堂を手がけた野原棟梁と出会って教会建築を学んだという。多くの教会の建築に携わった与助が生涯にわたり仏教徒であったという事実は、意外と知られていないだろう。

島の南西部の若松地区は小さな入江が複雑に入り組んだリアス式海岸が発達し、入江に面したわずかな平地に数軒単位の小さな集落が営まれている。若松大橋を渡った若松島の龍観山《りゅうかんざん》展望所からはそうした景観を一望できる。一方、島南東部の奈良尾地区には福見教会や高井旅《たかいたび》海水浴場、日本一のアコウ樹などの見所もある。

中通島は、西に東シナ海、東に五島灘と、美しい海に囲まれた立地であるため、スキューバダイビングやシュノーケリング、シーカヤック、バナナボート、キリシタン洞窟クルーズなど、海のアクティビティには事欠かない。

日本三大うどんの一つ・五島うどん、トビウオのダシであるあごだしをはじめ、かっとっぽというハコフグの味噌焼き、鯨料理と名物も多い。

PICK UP!

有川港近くの海童神社の鳥居。
奥に見えるのは鯨の顎骨

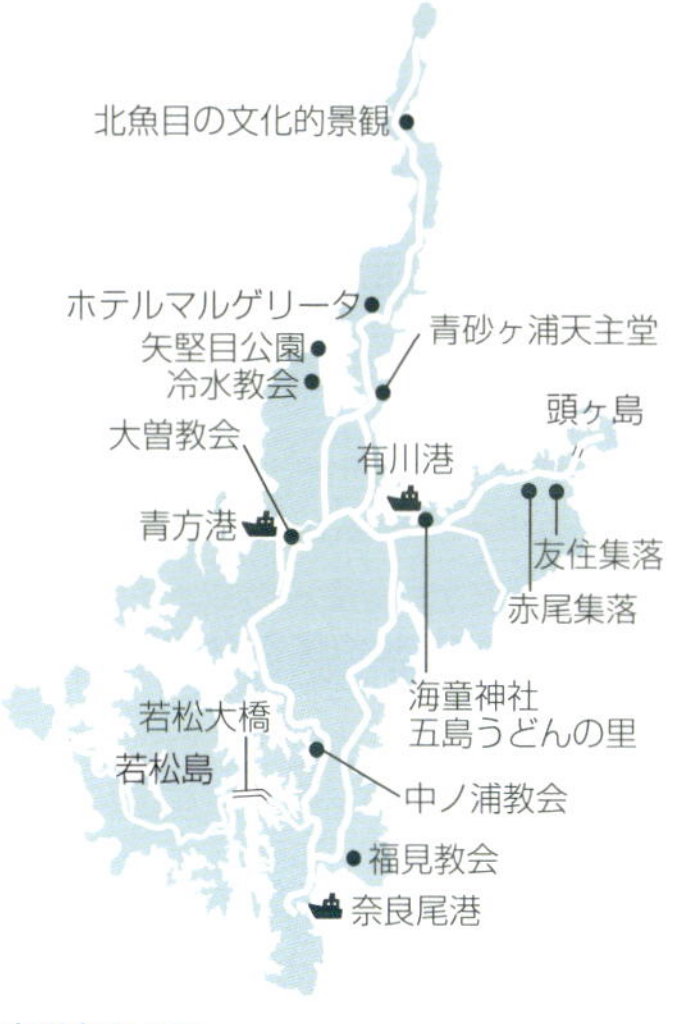

中通島 DATA
周囲：279km
アクセス：博多埠頭から野母（のも）商船フェリー「太古」で青方港まで6時間。1日1便。長崎港から九州商船ジェットフォイル「ぺがさす」で奈良尾港まで1時間15分。1日2便。同フェリー「万葉」「椿」で2時間35分。1日1便。佐世保港から高速船「シークイーン」で有川港まで1時間20分。1日1便。フェリー「なじみ」で2時間25分。1日2便
問合せ：新上五島町観光物産協会
0959-42-0964

頭ヶ島天主堂がある孤立した白浜集落と白浜海岸。ロクロ島の向こうは鉄川与助の故郷、中通島の新魚目（しんうおのめ）地区

30　頭ヶ島

かしらがしま／長崎県南松浦郡新上五島町

世界遺産の石造教会

頭ヶ島は五島列島の北部に位置する小島で、西側の中通島《なかどおりじま》とは頭ヶ島大橋でつながっている。島の周囲は急峻な崖に囲まれ、狭い谷筋の緩斜面に4つの集落が営まれている。この島は江戸時代中期までは病人の療養地であったが、幕末に長崎本土から中通島の鯛ノ浦に移住してきた潜伏キリシタンが頭ヶ島に入植し、北部中央の谷あいの白浜集落で生活を営み始めた。現在、住人はわずか20人に満たないものの、天主堂を含む「頭ヶ島の集落」は、迫害されたキリシタンたちが信仰を維持するためにどのような場所を選んだのかを示すとして世界遺産・長崎と天草地方の潜伏キリシタン関連遺産の構成資産となっている。

頭ヶ島天主堂は国指定重要文化財。前身の木造教会のあとに再建されたこの教会は、鉄川与助の設

キリシタン墓地は春から夏にかけてピンクのマツバギクで彩られる

計により明治43（1910）年に着工し、大正8（1919）年に完成した。西日本唯一の石造教会で、中通島産の五島石と呼ばれる淡褐色の良質な砂岩の切石積みと八角形の銅板張りドームの塔屋が印象的な建造物である。内部は船底のような折上《おりあげ》天井に椿の花をモチーフにした文様があしらわれ、白を基調に淡いブルーなど、重厚な外観とは趣が異なるパステル調のメルヘンチックな雰囲気で「花の御堂」と呼ばれている。

頭ヶ島天主堂へは自家用車の乗り入れができないため、現在は閉鎖されている島東部の上五島空港が天主堂にアクセスするシャトルバスの発着所となる。また空港の一部は五島列島の教会群の写真パネル展示によりガイダンスとしての機能を担っている。

頭ヶ島 DATA
周囲：8㎞
アクセス：中通島から頭ヶ島大橋経由
問合せ：新上五島町観光物産協会
0959-42-0964

狭い谷間にある頭ヶ島集落と天主堂。石造の教会は全国的にも珍しく、煉瓦積みよりも表情が豊かで趣がある

31 福江島

ふくえじま／長崎県五島市

キリスト教の布教の拠点

福江島は長崎市から西に100kmの五島列島最南端に位置する五島最大の島。島の東側の福江港には博多、長崎、佐世保からの船が就航し、また福江島の北に点在する島々に向かう拠点となっている。

遣唐使が五島を経由した時代、島北西部の三井楽《みみらくのしま》は日本の最果ての地と考えられ、平安時代の『蜻《かげ》蛉《ろう》日記』では亡くなった人に会える場所と詠まれている。

ターミナルの近くには常灯鼻《じょうとうばな》という江戸時代の灯台と石造りの防波堤がある。街は港のまわりに展開し、石垣が残る福江城や国指定名勝の五島氏庭園、武家屋敷通りなどの歴史的な見所が多い。郊外の明星院の本堂は五島最古の木造建築の仏教寺院で、狩野派の絵師が描いた120枚もの花鳥風月の天井画が素晴らしい。また標高315mの緑に覆われた火山・鬼岳《おんだけ》の展望所からは眼下に福江市街地

左上｜島の中央部は盆地で、その周りを標高200～400mの山々が取り囲む／左下｜福江城の南側の武家屋敷通り。石垣塀の上にこぼれ石と呼ばれる丸石を積み重ねている。外敵の侵入を音で知らせるとか、敵に向かって丸石を投げる仕掛けとされる／右｜福江港からは島のシンボル・鬼岳の姿が見える。港のターミナルはモダンな建物で、食事処や土産物屋も充実している。

集落の外れに佇む煉瓦造りの堂崎教会は、県指定有形文化財

や周囲の島々を見渡すことができる。近くの五島コンカナ王国はワイナリーを備えたリゾートで、露天の温泉もある。

潜伏キリシタンとゆかりが深い五島列島だが、明治6（1873）年に禁教令が解かれキリシタン弾圧が終焉を迎えると福江島でも宣教がはじまり、明治41年には島北東部の奥の浦地区に堂崎《どうざき》教会が五島初の洋風建造物として建てられた。設計はペルー神父、施工は野原与吉と鉄川与助の手による。堂崎教会は小さな入り江に面してひっそりと佇み、内部には様々なキリシタン関係資料が展示されている。教会の前には豊臣秀吉の時代に長崎で処刑された26聖人のひとり・ヨハネ五島の像と、五島の人々がはじめてキリスト教に出会った場面のレリーフが建つ。教会の横には雰囲気の良いカフェもある。また島の北部には、楠原教会、

左｜白亜の水ノ浦教会／右｜東シナ海に面した高浜海水浴場

水ノ浦教会、貝津教会など多くの教会が点在している。三井楽《みいらく》教会は昭和46（1971）年に建て替えられた教会で、聖人をタイルで描いた外壁のモザイク画と、キリストの生涯を表した内部のステンドグラスが見所である。

五島列島は全域が西海国立公園に指定されているだけあって景勝地も多い。福江島にも美しい海水浴場が点在するが、なかでも島の西海岸に位置する高浜海水浴場は五島屈指で、広大な白い砂浜と青のグラデーションが美しく、日本の水浴場88選、日本の渚100選のひとつに数えられる。島南西端の大瀬崎《おおせざき》は長さ20kmにおよぶ海《かい》蝕崖《しょくがい》が連なるダイナミックなロケーションが魅力の島随一の景勝地で、東シナ海に突き出した岬の先端には日本の灯台50選のひとつに数えられる灯台がある。大瀬崎の北側に位置する玉之浦湾に面し

左｜堂崎教会横の巡礼カフェ・オラショの店内では賛美歌が流れている。オラショは祈りという意味／中｜三井楽教会の外壁にタイルで描かれたモザイク画／右｜民家の壁に描かれた魔除けのバラモン凧。毎年5月には鬼岳で凧上げ大会が開かれる

た玉之浦集落は映画「男はつらいよ　純情篇」のロケ地で、昭和40年代の小さな漁師町の面影が今も残っている。

　福江島の北側には「奈留島《なるしま》の江上集落」「久賀島《ひさかじま》の集落」として世界遺産・長崎と天草地方の潜伏キリシタン関連遺産の構成資産になっている2つの島がある。それぞれ重要文化財の江上天主堂と旧五輪教会が見所なので足を延ばしてみたい。

　五島のグルメといえばやはり五島うどん。稲庭うどん、讃岐うどんと並ぶ日本三大うどんのひとつで、アゴ出汁がきいている。

島のシンボル・鬼岳から命名された「鬼鯖鮨」という鯖の押し寿司も人気

福江島 DATA
周囲：322km
アクセス：福岡空港から福江空港まで45分。博多埠頭から野母（のも）商船フェリー「太古」で福江港まで8時間半。1日1便。長崎港から九州商船のジェットフォイルで1時間半。1日4便。フェリーで3時間10分。1日3便
問合せ：五島市観光協会0959-72-2963

右｜高さ100mを超える断崖が連なる大瀬崎と灯台

32 湯島

ゆしま／熊本県上天草市

野良猫がいない猫島

天草《あまくさ》諸島の一角を占める湯島は、熊本県の離島としては最北端に位置し、天草と長崎県島原《しまばら》半島のちょうど中ほどの島原湾に浮かぶ。天草・島原の乱の時に天草四郎たちがこの湯島で密かに策を練ったことから談合島とも呼ばれている。四郎にまつわる伝説は多いが、天草から海を歩いて湯島に渡ってきたという話も残されている。

湯島に上陸するとまず猫の多さに驚く。熊本県では屈指の猫島として知られていることも頷ける。船着場前のにゃんこの家では、何匹もの猫たちがくつろぐ姿を見ることができる。「野良猫がいない」と聞いて驚いたが、どうやら島民みんながエサを与えて島ぐるみで猫を飼っている意識があるらしい。

島のほとんどはきつい傾斜地で平地がないため、民家は山の急斜面に貼りつくように建ち並び、この島の特徴的な景観をつくり出している。車が通れるのは港に沿う道と、それに直交して斜面を上り諏訪神社に向かう幹線ぐらいで、そこから縦横に入り組む路地の多くは人やバイクがやっと通れるほどの幅しかなく、行き交うことさえ一苦労する。

集落の上手《かみて》に鎮座する諏訪神社の境内には、天草四郎が戦で使う武器をつくった鍛冶水盤《かじすいばん》が置かれている。集落の外れの峯公園まで行けば六角形の展望台から天草の島々や雲仙《うんぜん》を望むことができる。またウミガメが産卵に訪れる東の浜の北側にはカフェもある。

湯島周辺の海域はタイの一本釣りの漁場としても知られ、4軒の旅館では赤ウニをはじめとした海の幸を堪能できる。

PICK UP!

水分が多く甘い大根は島の特産品。縁側や軒下に干された大根は湯島の冬の風物詩

内海なので波も穏やか。急斜面に貼りくように密集する民家が特徴的

上｜猫の標識は島の４カ所に設置されている。探し歩くのも楽しいだろう
下左｜上陸してまず目にとまるのが手作り感あふれるにゃんこの家
下右｜集落の上にある諏訪神社は江戸時代に大火で焼失したあとに再建された

湯島 DATA
周囲：７km
アクセス：大矢野島の江樋戸（えびと）港から湯島商船で30分。１日５便
問合せ：天草四郎観光協会0964-56-5602

島にはアコウの木が多く自生している。樹齢100年以上でハート形をしたこの木は島のシンボル

33 大矢野島

おおやのじま／熊本県上天草市

天草四郎ゆかりの島

大矢野島へは有明海《ありあけ》と八代海《やつしろ》を分かつ宇土《うと》半島先端から天草五橋《あまくさごきょう》1号橋（天門橋）を渡っていたが、近年、すぐ横に新天草1号橋（天城橋）が開通した。この島は天草の玄関口で、寛永14（1637）年に起こった天草・島原の乱の中心人物・天草四郎時貞《ときさだ》が生まれた土地でもある。乱の要因はキリシタン迫害と農民への重税であったが、長崎県口之津《くちのつ》で税を納められなかった家の妊婦が寒中の川にさらされて亡くなったことが直接的な発端であったといわれる。

天草四郎ゆかりの大矢野島では、天草・島原の乱を中心に彼の生涯を展示と映像で紹介した天草四郎ミュージアムが定番のスポットになっている。この施設の裏の高台には、天草地域に数ある四郎像の中で本渡市の天草切支丹館の像に次ぐ古さの銅像が建つ。国道を挟んだ海側にある道の駅上天草をセ

天草上島の千巌山（せんがんざん）展望台から望む大矢野島。手前は4号橋（前島橋）

右頁｜特徴的なフォルムをした天草四郎ミュージアム
左上｜物産館・藍のあまくさ村に建つ天草四郎の像は日本一の高さ
左下｜豊臣秀吉が朝鮮出兵の時に刀研ぎに使った天草砥石は白地に茶色の縞模様が特徴。全国有数の産地

ットで訪れるとよいだろう。猫島としての知名度が高い湯島《ゆしま》へ向かう船は物産館の北側の江樋戸《えびと》港から出ている。

ワタリガニや、エビの養殖で知られる天草。秋には宮津《みやづ》海遊公園で数千匹の車エビのつかみ取り大会・あまくさエビリンピックが開かれる。島の南部から2号橋（大矢野橋）までの間には新鮮な魚介をはじめとして、昭和初期に絶滅し平成になって復活した幻の鶏といわれる天草大王が食べられる食事処やホテルも点在している。

島の東側の維和《いわ》島との間に浮かぶ権兵《ごんべ》島の天草釣堀レジャーランドでは持ち帰り放題の釣りを楽しむことができる。維和島方面に進み案内板に従って港の駐車場まで行けば船が迎えに来てくれる。また大矢野島に渡る1号橋の袂《たもと》には、世界遺産・明治日本の産業革命遺産の構成資産となっている、レトロな洋館が建ち並ぶ「三角西港《みすみにしこう》」があるので立ち寄っておきたい。

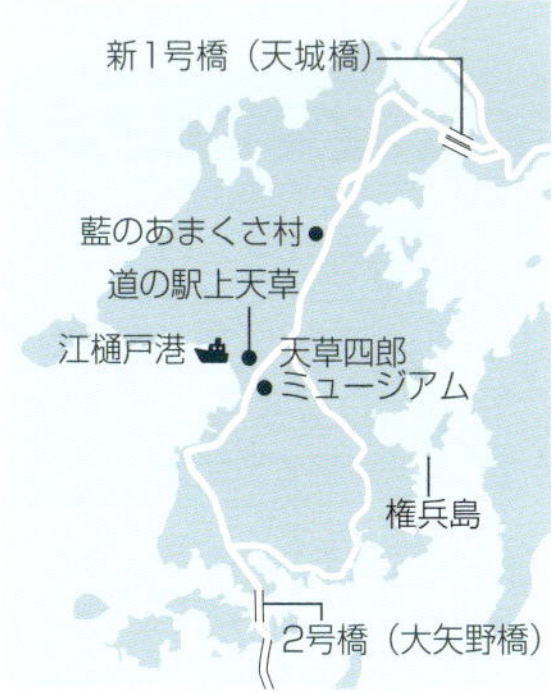

大矢野島 DATA
周囲：55km
アクセス：熊本方面から国道57号線または266号で新1号橋（天城橋）経由
問合せ：天草宝島観光協会0969-22-2243

PICK UP!

天草の夏の風物詩・干しダコはまるでエイリアンのよう

左｜リゾラテラス天草。目移りするような天草の特産品が揃っていて試食も楽しめる／右｜パールセンターの屋上には巨大な真珠のオブジェが載っている

34 前島

まえじま／熊本県上天草市

天草パールラインの観光拠点

前島は天草《あまくさ》観光のハイライトである天草五橋《ごきょう》の4号橋（前島橋）と5号橋（松島橋）の間に位置する。小さな島だが九州屈指のドライブスポット・天草パールラインの拠点になっていて、各種クルーズ船が就航する松島港（前島港）を擁している。

観光地の中でも草分け的な存在が4号橋を渡って左手に見える天草パールセンター。1階の真珠専門店ではアクセサリーづくりもでき、屋上から天草松島一帯の眺望がきく。養殖に適した穏やかな海に恵まれた天草は、愛媛県宇和島や三重県伊勢志摩と並ぶ日本有数の真珠漁場で、多くの美しいアコヤ真珠が生み出されている。海中水族館シードーナツのほか、食事やショッピングが楽しめ天草塩パンが人気のリゾート観光施設・リゾラテラス天草などが隣接し、海を眺めながらテラス席でまったり過ごすのもよいだろう。

世界遺産・明治日本の産業革命遺産の構成資産の「三角西港《みすみにしこう》」、天草五橋などをまわるコースや、スイーツクルーズ、イルカウォッチングを楽しむクルーズ船はリゾラテラス前の松島港の桟橋から出航する。パールライン沿いには展望露天風呂や足湯バーを備えた大型ホテルも点在している。

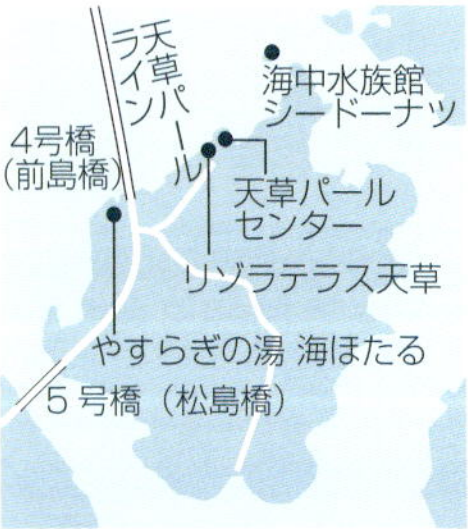

前島 DATA

周囲：4km

アクセス：熊本方面から天草パールライン（国道266号線）経由。航路では三角港から天草宝島ラインで松島港（前島港）まで20分

問合せ：天草宝島観光協会 0969-22-2243

天草パールセンターの展望通路から見た天草松島。3号橋（中の橋）は永浦島と大池島を結ぶ

上｜前島と天草上島を結ぶ松島橋は真っ赤なパイプアーチ橋／下左｜天草南部の栖本町（すもとちょう）の旧天草街道沿いには、様々な姿のカッパの像が並んだ隠れスポット・カッパ街道がある／下右｜道の駅有明・リップルランド前の巨大ダコのモニュメント

PICK UP!

天草といえば車エビ。活造りから塩焼き、天ぷらなど、いろいろと食べ比べてみたい

35 天草上島

あまくさかみしま／熊本県天草市・上天草市

天草松島と名物の車エビ

天草上島 DATA
周囲：142km
アクセス：熊本方面から国道57号または国道266号で天草パールライン経由
問合せ：天草宝島観光協会0969-22-2243

天草上島は長崎県島原《しまばら》半島の南側、陸路だと前島から車窓に天草松島を映しながら天草パールラインを南下した5号橋（松島橋）の先に位置する。

島の北端部にある松島温泉近くの千巌山《せんがんざん》は天草四郎が出陣する時に祝宴を開いた場所で、四郎が腰掛けたと伝えられる石が残されている。山頂からは宮城県松島、長崎県九十九島《くじゅうくしま》と並んで日本三大松島に数えられる天草松島と天草五橋《ごきょう》を一望できる国指定名勝。駐車場から少し山を登らないといけないが、天草ジオパークの風光明媚な姿を俯瞰するスポットとしておすすめできる。千巌山を含むオルレコース（天草・松島コース）の起点は山の西側の知十《ちじゅう》にあり、合津《あいつ》港の龍の足湯までの11・1kmの中級者向けのコースとなる。

島の南部の永目《ながめ》港近くの永目神社のご神木は樹齢300年以上の

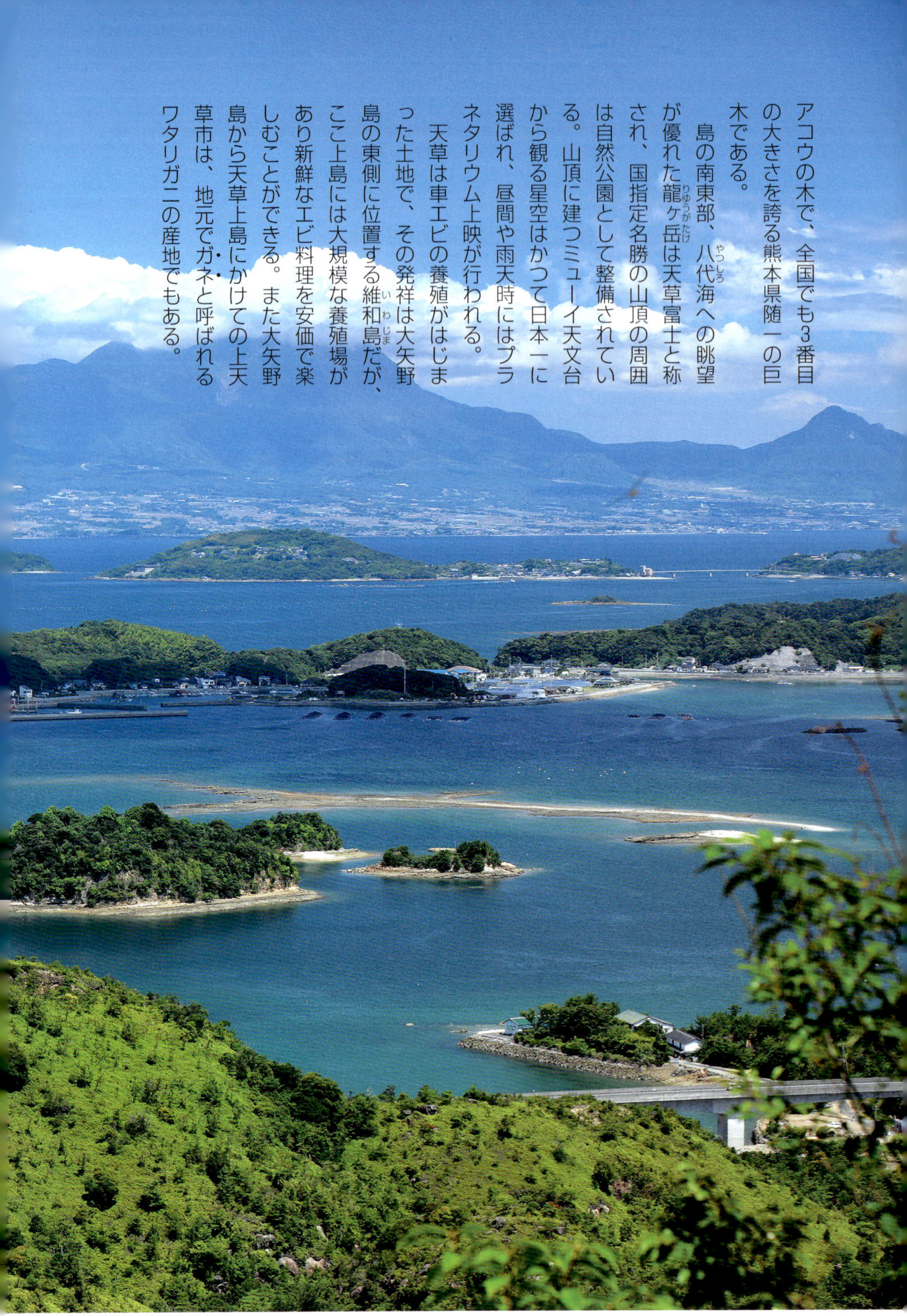

アコウの木で、全国でも3番目の大きさを誇る熊本県随一の巨木である。

島の南東部、八代《やつしろ》海への眺望が優れた龍ヶ岳《りゅうがたけ》は天草富士と称され、国指定名勝の山頂の周囲は自然公園として整備されている。山頂に建つミューイ天文台から観る星空はかつて日本一に選ばれ、昼間や雨天時にはプラネタリウム上映が行われる。

天草は車エビの養殖がはじまった土地で、その発祥は大矢野島の東側に位置する維和島《いわじま》だが、ここ上島には大規模な養殖場があり新鮮なエビ料理を安価で楽しむことができる。また大矢野島から天草上島にかけての上天草市は、地元でガネと呼ばれるワタリガニの産地でもある。

千巌山山頂からの眺望。天草松島や雲仙普賢岳（うんぜんふげんだけ）が一望できる

36　天草下島

あまくさしもしま／熊本県天草市・天草郡苓北町

﨑津教会とサンセットライン

雲仙《うんぜん》天草国立公園の一角を占める天草諸島最大の下島は、熊本県の南端に位置する。陸路では熊本方面から天草五橋《ごきょう》を経由し、天草上島と下島をつなぐループ橋・天草瀬戸大橋を渡ってたどり着く。島のほとんどは山地で占められ、東部の河口に位置する本渡《ほんど》に、熊本市、八代《やつしろ》市に次ぐ熊本県下第3の規模の街が展開している。

寛永14（1637）年、キリシタン迫害と農民への重税を発端として起こった天草・島原の乱の激戦地・本渡城跡の天草キリシタン館ではキリスト教の伝来から弾圧に至るまでの歴史を知ることができる。二の丸に建つ明徳寺《みょうとくじ》はキリスト教から仏教に改宗するために建てられた寺で、楼門に続く石段に踏み絵の役割を果たす十字架が彫られている。本渡城の南を流れる山口川に架かる祇園橋の周辺は乱最大の激戦により死者が川を堰き止めたといわれ、橋は国内最大級の石造桁橋《けたばし》として重要文化財に指定されている。

天草下島には長崎県を中心に多くの教会建設に携わった建築家・鉄川与助が手がけた教会がある。ひとつは島南西部の河浦《かわうら》町にあるゴシック様式の﨑津《さきつ》教会で、かつて踏み絵が行われていた地に昭和9（1934）年に再建された。堂内の床が畳敷きの教会は珍しい。この地はまさに陸の孤島といった場所であるが、「天草の﨑津集落」

天草の市街地を流れる山口川に架かる祇園橋。天草の乱の激戦地となった

穏やかな羊角湾越しに望む﨑津教会と漁村の風景

﨑津集落のメインストリート

は世界遺産・長崎と天草地方の潜伏キリシタン関連遺産の12の構成資産のひとつで、穏やかな入り海である羊角《ようかく》湾に面した漁村の中に教会がそびえたつ風景は「﨑津の漁村景観」として国の重要文化的景観にも選定されている。

　﨑津集落は諏訪神社から教会の横を抜けて海へ向かう通りを中心に展開する。昭和初期の旅館を改修しキリシタン信仰の歴史を紹介する資料館・みなと屋や、明治期の漁師網元の家屋など歴史的建造

左｜昭和９年に再建された﨑津教会
右｜トウヤは海へとつながる小道。奥には海に突き出た漁師の作業場・カケがある

物が佇む風景に溶け込むように、レトロ感のある寿司屋やカフェが点在している。集落の外れの曹洞宗の寺院・普應軒《ふおうけん》では、神道・仏教・キリスト教が一体となった珍しい御朱印も手に入る。集落西端の天草漁協の直売所・きんつ市場の横からは、﨑津集落を漁船から見学するクルーズ船も出ているので事前に予約しておこう。きんつとは魚のホウボウのこと。

﨑津の名物は、江戸時代にこの地に漂着した琉球王国の使節団から伝授された杉ようかん。

羊角湾内にある一風変わった施設・河浦海上コテージでは、釣りやバーベキュー、宿泊もできる。

﨑津集落から天草灘に沿って5㎞ほど北上した天草町の大江天主堂もまた鉄川与助の設計による。キリスト教の解禁後に天草で最初に建てられた教会で、農村の風景に馴染んだ丘の上に建つロマネスク様式の白亜の教会は昭和8（1933）年に再建された。この教会の下の天草ロザリオ館には、キリスト教関連資料や潜伏キリシタ

色とりどりのヒオウギガイは天草灘の特産。別名は虹色貝。バター焼きがおすすめで、殻はアクセサリーに

丘の上に建つ大江天主堂は教会建築の第一人者・鉄川与助が手がけた

天草西海岸の海は透明度が高いだけでなくカラフルな魚が多い。九州屈指のスキューバダイビングスポット

ンが密かに祈りを続けていた隠れ部屋が再現されている。

　江戸幕府の禁教令によるキリシタン弾圧という悲しい歴史の印象が強い下島だが、天草灘に面した西海岸・サンセットラインは東シナ海を一望する絶好のドライブスポットで、日本の夕陽100選のひとつ。奇岩や洞窟が連なる妙見ヶ浦を望む十三仏《じゅうさんふつ》公園や、鬼海ヶ《きかいが》浦《うら》展望所など天草ジオパーク屈指の景観を楽しむことができる。

　西海岸の中央部に位置する下田温泉には全室離れの温泉宿・五足のくつをはじめとした10軒ほどの旅館があるので、宿をとって伊勢

左｜早崎海峡はイルカウォッチングのメッカ
右｜下田温泉「五足の湯」は旅の疲れを癒してくれる足湯

エビやアワビなど天草灘で獲れた海の幸を堪能するのもよいだろう。この温泉郷は、与謝野鉄幹《よさのてっかん》が北原《きたはら》白秋《はくしゅう》など4人の詩人を連れて旅した紀行文『五足の靴』の舞台となった場所で、その足跡にちなんだ遊歩道や足湯も整備されている。

また北西部の五和《いつわ》町から苓北《れいほく》町にかけての天草灘はイルカウォッチングが盛んなことで知られ、通《つう》詞島《じしま》北側の早崎《はやさき》海峡では定住したミナミハンドウイルカに高確率で出会うことができる。ツアーは下島北端部の海産物販売所を備えた天草ドルフィンピアなどにより催行され、前島港（松島港）発のクルーズ船も発着する。

一方、下島最南端の牛深《うしぶか》は日本で初めて海中公園に選定された海で、グラスボートからサンゴや熱帯魚を観察できる。

下島を訪れたなら窯元を巡るのもよいだろう。西海岸沿いで採れる陶石を用いた天草陶磁器は国の伝統的工芸品に指定されていて、毎年春には西海岸側の8つの窯で窯元巡りイベントが催される。

天草の名物は海の幸。天草下島では毎年春に天草生うに三昧というイベントが、秋から年末にかけては天草伊勢えび祭りが催されている。また一時は絶滅した、背丈が90㎝にもなる日本最大級の鶏・天草大王も市街地などの飲食店で味わうことができる。長崎ちゃんぽん、小浜《おばま》ちゃんぽんと並ぶ日本三大ちゃんぽんのひとつ、天草ちゃんぽんもご当地の名物である。

PICK UP!

苓北町の海岸に潮が引いた時に現れる直径2ｍほどの「おっぱい岩」。雲仙の噴火の時に飛んできたという伝承がある

天草下島 DATA
周囲：301㎞
アクセス：熊本方面から国道266号または324号経由。島原方面からだと口之津港から鬼池港まで「フェリーくちのつ」「フェリーあまくさ」で30分。１日15便ほど
問合せ：天草宝島観光協会0969-22-2243

上｜天草下島から見た通詞島
左下｜集落は島の南側の漁港に営まれている

37｜通詞島

つうじしま／熊本県天草市

定住するイルカたち

通詞島は天草下島《あまくさしもしま》の北に位置する東西に細長い小島で、道幅の狭い通詞大橋を渡る。室町時代に博多や堺を拠点として行われていた日明貿易の時に、通詞をした人たちが住んでいたことが島名の由来とされる。

島には風力発電所と天日干しの製塩所がある。ともに安定した風が不可欠で、この島はそうした風の通り道になっている。

島内には歴史民俗資料館以外にこれといった観光スポットはない。しかし、九州でイルカといえば真っ先に通詞島の名前があがるほどで、下島からこの島の界隈では、あちらこちらでイルカウォッチングの看板を目にする。通詞大橋が架かるまでは対岸の下島との間の海域にも生息していたようだが、今は北側の長崎県島原《しまばら》半島と通詞島に挟まれた早崎《はやさき》海峡に３００頭ほどのミナミハンドウイルカが定住しているという。見頃は夏というイメージがあるが、この海域では年間を通して高確率で会うことができる。

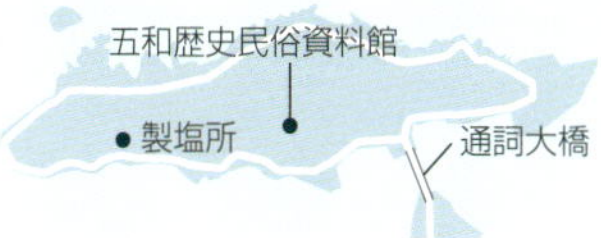

通詞島 DATA
周囲：4㎞
アクセス：天草下島から国道324号で通詞大橋経由
問合せ：天草宝島観光協会0969-22-2243

38 御所浦島

ごしょうらじま／熊本県天草市

恐竜の島で化石採集

天草最高峰の天草上島の倉岳（くらだけ）から望む御所浦島

御所浦島は天草諸島のうちのひとつで、天草上島《あまくさかみしま》の南、八代《やつしろ》海に位置する。島名は景行天皇が行幸したことに由来し、御所浦港に近い菅原神社にともづな石という船つなぎ石が残されている。

御所浦島を含む120もの島々からなる天草諸島は天草ジオパークの一角を占め、特徴的な地質や地形が点在する。なかでも御所浦島、牧島、横浦島などからなる御所浦町は、中生代白亜紀から新生代古第三紀（1億年前〜4700万年前）の地層が各所で露出し、数々の化石が出土する。

化石を知るための拠点施設となるのが御所浦港に面した天草市立御所浦白亜紀資料館で、日本最大級の肉食恐竜・カルノサウルスの歯や足跡をはじめとした多くの標本が展示され、講演会やワークショップも頻繁に行われている。東海岸の外平《ほかひら》海岸には貝の化石が入

ティラノサウルスから生まれた
ご当地キャラクター「寺野くん」

御所浦港の桟橋ではティラノサウルスのオブジェと昭和レトロな恐竜の看板が迎えてくれる

右｜天草上島の棚底港と御所浦島を結ぶフェリーには恐竜のキャラクターが描かれている
下｜トリゴニア砂岩化石採集場。トリゴニアは二枚貝。白亜紀資料館に事前予約をすれば採集体験をすることができる

った礫《れき》が転がっていることから化石海岸と呼ばれ、干潮時には化石探しが楽しめる。港の周辺の民家の石垣に目を凝らしていると二枚貝の化石や、ときにはアンモナイトが見つかることもあり、マニアにとっては垂涎《すいぜん》の島といえる。

御所浦港桟橋前の物産館・しおさい館では海産物や農産物のほか恐竜グッズが販売され、レンタサイクルも貸し出されている。またカルノサウルスの歯が出土した「白亜紀の壁」と呼ばれる1億年前の崖の観察や化石採集体験ができるクルージングの手配もしてくれる。恐竜の絵が描かれた電動レンタカーを借りて橋でつながる牧島まで足を延ばし、化石の屋外展示場・ニガキ化石公園や、直径60cmを超える九州最大のアンモナイトの化石が保存されるアンモナイト館を訪れるのもよいだろう。

御所浦町は漁など様々な体験ができる民泊事業も盛んで、御所浦アイランドツーリズム推進協議会で斡旋してくれる。

御所浦島 DATA
周囲：26km
アクセス：天草上島の棚底港から御所浦港までフェリーで45分。1日10便。天草下島の本渡港から40分。1日5便。三角（みすみ）港や大道（おおどう）港からのアクセスも可
問合せ：御所浦物産館しおさい館
0969-67-1234

PICK UP!

姫島産の黒曜石の原石や、製作された石器は縄文時代を中心に西日本一帯の多くの遺跡から出土する。通有の黒色でなく乳白色に輝く

左が達磨山、右が矢筈岳。姫島は4つの島が砂州でつながっている

39 姫島

ひめしま／大分県東国東郡姫島村

30万年前にできた火山島

島北西部の直径70mの観音崎火口。左手は黒曜石の露頭・斗尺（としゃく）岩（姫島夫婦岩）。島西端の達磨山火山では火口そのものが車エビの養殖場になっている

姫島は国東《くにさき》半島北方の周防《すおう》灘沖に位置し、瀬戸内海国立公園の一角にあたる。島は4つの島が砂州でつながった陸繋島で、島中央の矢筈《やはず》岳（標高267m）から西側の達磨《だるま》山にかけてのトンボロ（陸繋砂州）の上に集落が営まれている。島には30～20万年前に活動した7つの火山があり、港の東側の矢筈岳火山は姫島富士として島のシンボル的存在になっている。また黒曜石《こくようせき》の露頭や海蝕洞《かいしょくどう》などの特徴的な地質・地形のほか、ナウマンゾウの牙の化石も発見され、おおいた姫島ジオパークとして認定を受けている。

姫島は『古事記』の国生み神話に登場する伊邪那岐命《いざなぎのみこと》と伊邪那美《いざなみの》命《みこと》が、四国や九州など大八嶋国《おおやしまのくに》に続いて生んだ女嶋とされる。また『日本書紀』には垂仁《すいにん》天皇の時代に加羅《から》の王子の求婚から逃れた姫が国前《くにさき》郡（国東郡）にたどり着

いて神になったと記され、姫神が比売語曽社《ひめこそしゃ》に祀ってある。

　ここ姫島には、お姫様が手拍子を打ったところに湧き出した鉱泉・拍子水《ひょうしみず》や、高潮の時でも海水に浸かることのない沖合の浮洲《うきす》、海蝕洞窟内に群棲し食べると腹痛を起こす、阿弥陀如来の形をした牡蠣など七不思議がある。なかでも北西部の観音崎の断崖上に建つ島随一の景勝地・千人堂の一帯は天然ガラスと呼ばれる黒曜石の露頭が国の天然記念物に指定され、港から徒歩30分足らずで行くことができる。島の東端部には明治37（1904）年に建てられた姫島灯台やハートの切り株などの見所もある。港のすぐ東側には海水浴場やキャンプ場も整備され、灯台に至る海岸沿いにひめしまブルーラインが走っている。

　島内に点在するスポットをひと通り見てまわるならレンタサイクルや2人乗りの小型電気自動車を利用するとよいだろう。変化に富んだ島の地形を楽しむなら、お盆など年に数回催されるジオクルーズもおすすめしたい。

　ブランド化された車エビは、漁が解禁される7月から1月頃まで姫乃家やペンション野路菊で味わうことができる。姫島カレイも特産品になっている。

左｜千人堂は大晦日の夜に債鬼（さいき）に追われた善人を1000人かくまうことができるという。お堂周辺では黒曜石の露頭を間近で観察できる／右上｜江戸時代後期に遡る姫島庄屋古庄（こしょう）家の敷地には明治時代の郵便局舎が残る／右下｜10月には車えび祭が催される

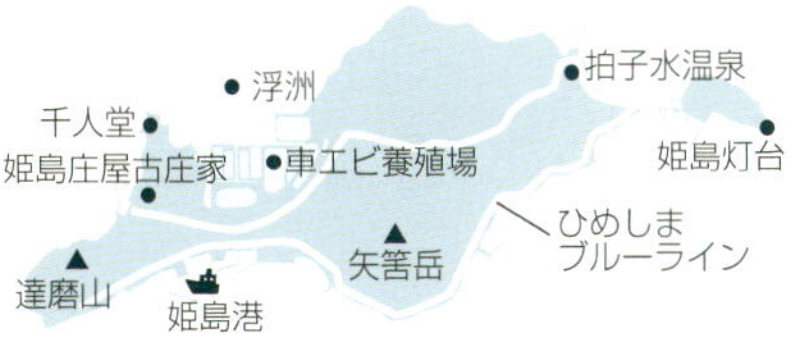

姫島 DATA
周囲：17km
アクセス：国東半島の伊美（いみ）港から姫島村営フェリーで20分。1日12便
問合せ：姫島村役場水産・観光商工課0978-87-2279

40 保戸島

ほとじま／大分県津久見市

日本のナポリ

保戸島は津久見《つくみ》港の東の沖合の豊後《ぶんご》水道に位置し、河津桜の名所である四浦《ようら》半島とはわずか100mほどの海峡で隔てられている。島全体が山のようで平地がない。島名は、ここを訪れた景行《けいこう》天皇が海底の美しい海藻・保都米《ほつめ》に心を動かされ、保都米が穂《ほ》門《と》に変化したことに由来し、景行天皇が腰掛けたと伝わる石が残されている。この島には沖縄に向かった柳田国男も立ち寄っていて『海南小記』に記述が見られる。

集落は島の西側に営まれ、商店や旅館もある。3階建て鉄筋コンクリートのビル群が斜面に林立する景観は水産庁の「未来に残したい漁業漁村の歴史文化財産百選」に選定されている。瓦葺きの家屋が並ぶ、いわゆる日本の漁村のイメージとはまったく異なり、まさに「日本のナポリ」という表現が的を射ている。隙間なく密集する宅地の間の路地は、人が行き交うことができないほどの狭い幅で縦横に迷路のように巡り、どこまでが公道で、どこからが私有地なのか見分けがつかない。

保戸島は明治時代中期以降に遠洋漁業の拠点として栄えた。漁で財を成した人が鉄筋コンクリートでビルを建て、それからそれぞれのマグロ御殿ともいうべきビルを建てるというスタイルが長者のステイタスになったのかもしれない。マグロ漁は今も続いていて、船員にはインドネシアやフィリピンか

西から見た保戸島

港に沿ってびっしりと建ち並ぶビル群はまさにナポリのような景観

らの出稼ぎが多いという。

島の鎮守は京都の上賀茂神社から勧請《かんじょう》された加茂神社で、夏には海に入る御輿《みこし》や花火大会も催される。また集落の南側の高台には海徳寺という立派なお寺があり、境内には終戦直前にグラマン戦闘機に爆撃され命を落とした児童ら127人の遺骨を集めてつくった骨地蔵が祀られているらしい。

港に面した漁協には漁業通信速報のボードが掲げられ、操業中や帰港中などマグロ漁船の状況がわかるようになっている。この漁協

PICK UP!

食事処・穂門島大川のごまダレがかかったマグロ丼・ひゅうが。大分県内の他地域ではりゅうきゅうや温飯（あつめし）といわれる

左｜斜面に貼りつく住宅地の間を縫って狭い階段と路地が迷路のように巡る
右上｜人がやっとすれ違えるほどの幅の県道612号線。日本一狭い県道といわれている
右下｜車がほとんど走っていないこの島では、リヤカーやテボと呼ばれる竹製の背負籠が現役で活躍している

の前から南に延びる一本道の両側には、木造2階建ての民家が隙間なく建ち並んでいる。道幅が2ｍにも満たないこともあって昼間でも薄暗く、さながら寂れたアーケードのようにも見える。マンホールも路面に設置するスペースがないため、民家の壁に斜めにはめ込まれている。全長256ｍのこの道はれっきとした県道で、漁協の前と路地の突き当たりの2カ所の路面に県道612号線の標識がしっかり貼られている。

島南端の小中学校の先に見える小山のような岩礁は防波堤で保戸島とつながり、ここに上ると集落全体を見渡すことができる。カモンバイと呼ばれるこの小山にはシカが住み着いていたらしい。

保戸島の名物はマグロ料理。心臓のステーキやかぶと焼きをはじめ、マグロ漁の経由地である宮崎県目井津《めいつ》や油津《あぶらつ》など日向《ひゅうが》の漁師から教わったといわれるマグロ丼・ひゅうがをはじめ、マグロ三昧の料理を堪能することができる。

保戸島 DATA
周囲：4㎞
アクセス：津久見市津久見港から保戸島航路フェリー「マリンスター」「ニューやま2号」で25分。1日6～7便
問合せ：津久見市観光協会0972-82-9521

41 深島

ふかしま／大分県佐伯市

熱帯魚が彩る海と島ネコ

大分県最南端の深島は、日豊《にっぽう》海岸国定公園の指定地内に位置し、海域公園区域にも含まれている。特に夏場の深島は磯遊びを目的として島に渡る家族連れや女性たちで賑わう。島のほとんどは岩肌が露出した断崖に囲まれ、東側の緩斜面に人口20人にも満たない小さな集落が営まれている。

島の西側の船着場から集落に向かう一本道・にゃんにゃんロードを歩いているとたくさんの猫たちが迎えてくれる。島の猫たちはみな集落に近いこの界隈に集まっていて、猫好きにこの上ない癒やしの時間を与えてくれる。この島の猫は美形が多い。

滞在の拠点になるのは集落の中ほどに位置する深島食堂で、シュノーケリングやシーカヤックなどのアクティビティもここで申し込める。深島食堂の横には、眼下に海を望むロケーションの高台に2段のウッドテラスがしつらえられている。バーベキューをするもよし、磯遊びのあとにここからぼんやり海を眺めるのも癒される。

黒潮に乗って北上した熱帯魚が集まる深島周辺は、九州屈指のボートダイビングのスポットとしても知られている。深島食堂で器材をレンタルするシュノーケリング体験では、コバルトブルーのルリスズメダイや黄色のチョウチョウウオなどカラフルな熱帯魚たちの姿を間近で観察することもできる。

船着場にある島の案内板

左｜深島食堂はカフェ風のお洒落な空間。ドリンクやちょっとした小物類も手に入る。ランチは要予約
右｜島のメインストリート。集会所にはレンジや食器が備えられ、食材を持ち込めば宿泊もできる

深島食堂横のテラスで海を眺めながらのんびりするひとときは贅沢そのもの

この砂浜と磯には誰もが自由に立ち入れることに加えて入り海になっているため波も穏やかで、シュノーケルとゴーグルを用意していれば気の赴くままにセルフエントリーして好きなだけ海中散歩が楽しめる。これだけ好条件が揃ったポイントは九州ではほかに知らないので、深島を訪れたならぜひチャレンジしてほしい。

島には自動販売機も商店もないが、飲み物は深島食堂で調達できるし、シャワーやトイレは深島大明神の近くに設置されている。島で一夜を明かしたいのなら、一軒

PICK UP!

サンゴと熱帯魚、そして抜群の透明度を誇る海でのシュノーケリングは至福の時間

防波堤でくつろぐ島ネコたち

深島大明神。近くにコイン
シャワーとトイレがある

まるごと貸し切りの古民家・しんきやか素泊まりの集会所で宿泊することもできる。

黒潮が突き当たる深島は磯釣りのポイントでもあり、南端部の灯台下をはじめとしてマダイ、クロダイ、イサキなどの大物を狙うこともできる。島の名物は、かまどで麦を蒸らした昔ながらの白味噌。米ができない島では麦を使った。冬には深島大明神の向かい側にある工房で味噌づくり体験もできる。

深島 DATA
周囲：4㎞
アクセス：蒲江港から深島まで蒲江交通有限会社フェリー「えばあぐりいん」で約30分。屋形島経由。1日3便
問合せ：でぃーぶまりん深島080-5289-2280

42 青島

あおしま／宮崎県宮崎市

南国宮崎のパワースポット

宮崎市街の南側の日向《ひゅうが》灘に浮かぶ青島は、弥生橋によって九州本島の青島海岸とつながっている。県道に面した青島神社参道入口には地元の銘菓や雑貨、レストランを併設した青島屋という観光拠点施設があり、そこから弥生橋に至る通りに沿って宮崎名物チーズ饅頭やういろうの店、マンゴーなどトロピカルフルーツジュース、冷凍パインの露店が建ち並んでいる。その中を時折、タイの三輪タクシー・トゥクトゥクが走り抜ける。トゥクトゥクは口蹄疫《こうていえき》の流行による観光客の激減のさなかに宮崎を盛り上げようと導入されたらしい。弥生橋の入口と青島神社を往復し、料金はチップ制になっている。

宮崎は昭和30年代後半から50年代にかけてハネムーンのメッカだった。その火付け役となったのが昭和天皇の第5皇女・島津貴子さん夫妻、そして当時の皇太子と美智子妃殿下の訪問で、青島を起点とする日南海岸までのルートはプリンセスラインと呼ばれた。

青島は一周してもわずか15分ほどの小さな島だが、南国宮崎の象徴的な存在でパワースポットとしても知られている。干潮時に島のまわりに姿を現す奇岩・鬼の洗濯板は、約700万年前に海中でできた砂岩と泥岩の重なり合った地層が隆起して波に洗われ、硬い砂岩が板状に残った景勝地。「青島

PICK UP!

トゥクトゥクが風を切って走る光景は今や青島の定番になりつつある

上｜青島神社に至る参道には様々な開運祈願のポイントが設けられ、お守りの種類も多い
下左｜天の平瓮投げ。願をかけながら素焼きの小皿を投げ、磐座（いわくら）のエリアに入るか皿が割れれば願いが叶うという
下右｜元宮の参道。巨大なビロウ樹のなかには樹齢350年を超える木もある

の隆起海床と奇形波蝕痕《はしょくこん》」という名称で国の天然記念物に指定されている。また島全体に5000本ほどのビロウの木が生い茂り、青島亜熱帯性植物群落として国の特別天然記念物になっている。

　こうした貴重な自然が残る一方で、島には歴史を感じさせる青島神社が鎮座する。神社は青島全体を境内地とする。祭神のヒコホホデノミコトは『古事記』に登場する山幸彦《やまさちひこ》で、同じく青島神社の祭神の豊玉姫《とよたまひめ》と結ばれたことから縁結びに御利益があるという。本殿から東に延びる参道は亜熱帯植物に覆われて鬱蒼《うっそう》とし、その奥の島の中心に元宮が鎮座している。今は小さな社殿があるだけだが、ここは勾玉《まがたま》や土器、獣骨、貝殻などが出土した古代祭祀が行われていた聖地で、現在の社殿はこの元宮から遷された。元宮の裏には往時の古代祭祀を現在に伝える「天《あま》の平瓮《ひらか》投げ」の神事を体験できる空間がある。

　島の周辺には青島ビーチに面したANAホリデイ・インリゾート宮崎をはじめ、海を見渡すロケーションの宿泊施設、宮崎地鶏や冷や汁を出す食事処が点在する。

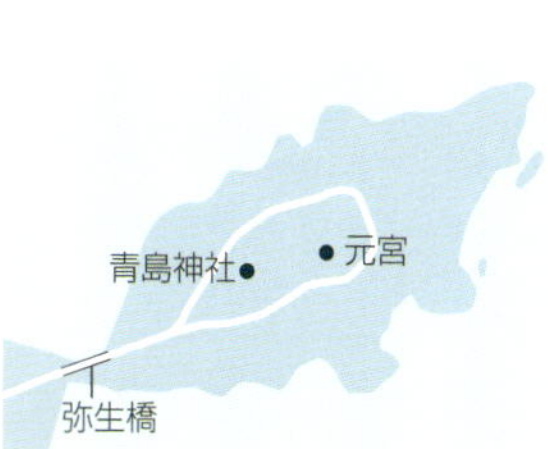

青島 DATA
周囲：1.5km
アクセス：JR 青島駅から徒歩10分
問合せ：宮崎市観光協会0985-20-8658

右頁｜青島と鬼の洗濯板は堀切（ほりきり）峠と並ぶ南国宮崎の象徴

43 幸島

こうじま／宮崎県串間市

文化を持ったサルの島

　幸島は日本在来の野生馬が生息する都井《とい》岬の10㎞ほど北側の日向《ひゅうが》灘沖に位置し、島全体が日南海岸国定公園に含まれる。島に渡るには亜熱帯樹林として国の天然記念物に指定された石波《いしなみ》海岸の波止から小さな渡し船に乗せてもらう。渡しはいつも待機しているわけではないので、事前にインターネットなどで調べて予約しておくことをおすすめしたい。大潮の干潮時には島まで歩いて渡ることも可能だが、潮が引きすぎていると九州

石波海岸と幸島。波止場の横にはサルの顔に見える岩があるので探してみよう

本島側の波止場に船をつけることができないので潮汐《ちょうせき》時刻を調べておくとよいだろう。

　この無人島は幸島猿生息地として国の天然記念物に指定されている。昭和23（1948）年に京都大学による研究がはじまって日本で初めて野生猿の餌付けに成功し、その後、芋を洗う猿の発見により幸島の名をさらに世に知らしめることになった。研究では1匹のメスが土を落とすために芋を洗う行動が確認され、それを見た若いサルが真似をして同世代に行動が広がり、さらにはその行動が他の世代や子、孫にも伝わることがわかった。こうした研究成果によって、それまで人間しか持たないといわれた「文化を持つ猿」として位置づけられた。さらに、当初は土を落とすことが目的だった芋洗いは、いつしか塩味をつけるための行動に進化した。

観察や研究はすべてのサルに名前をつけて個体を識別しつつ家族関係や系図を作成して進められたが、その作業は今も続いている。こうした世界的に重要な発見を語る上で欠かすことができないのが地元の小中学校で教員をしていた三戸サツヱさんの存在で、年に数回しか調査に訪れることができない大学の研究者に様々な観察データを報告したという。

戦後、幸島のサルは進駐軍のペットとして乱獲されたため数が激減したが、今では魚を獲ったり、島にある植物を採集したりしながら100匹ほどにまで増えた。群れは2つに分かれ、それとは別の離れザルという数匹単位の集団も含めて亜熱帯樹林に覆われた島で静かに暮らしている。驚くことに島で入手できる食料資源の量を本能的に把握しつつ個体数の爆発的な増加を抑えているらしい。

石波海岸のすぐそばにある京都大学の霊長類研究所に付属する野生動物研究センター幸島観察所が「幸島ニホンザルの観察会」という公開講座を行うこともあるので参加するとよいだろう。

国道448号線沿いに幸島の案内板が出ている。そのすぐ西側に京都大学の幸島観察所がある

左｜サルたちは午前中に島の西側の大泊（おおどまり）の浜に現れることが多い
右｜幸島に近づく渡し船。船頭さんが島のサルの生態について解説をしてくれる

幸島 DATA
周囲：4㎞
アクセス：石波海岸から幸島渡しで3分
問合せ：串間市観光協会0987-72-0479

44 獅子島

ししじま／鹿児島県出水郡長島町

海中に棲むクビナガリュウ

八代《やつしろ》海の中央部に浮かぶ獅子島は鹿児島県最北端に位置する。南側の幣串《へぐし》港と西側の片側《かたそば》港の2つの港を擁し、前者は熊本本土の水俣港、後者が長島方面や天草《あまくさ》方面からの玄関口となる。

　港に着いてまず目にとまるのが恐竜のモニュメント。これは幣串

天草下島の竜洞山（りゅうとうざん）展望所から見た獅子島

PICK UP!

片側港にある獅子島屋。特産品や獅子島Tシャツなどのグッズが販売されている

片側港にある恐竜とアンモナイトのモニュメント

で発見された海中に住むクビナガリュウで、体長は6mほどもある。獅子島はもともと海底だった場所が隆起し、島のあちらこちらで露出した1億年ほど前の白亜紀の地層にはアンモナイトなどの化石が含まれ、日本でも有数の化石産出地として知られている。幣串港の東側には化石が観察できる化石ロードが整備され、化石パーク内では発掘体験で発見した化石をひとつだけ持ち帰ってよいことになっている。幣串港からの移動手段は徒歩か電動自転車。

海を見渡す景色を楽しむなら島北西部の天草下島を見下ろす夕景スポット・黒崎空中展望所か、獅子島の最高峰・七郎山《しちろうさん》（標高393m）山頂まで行ってみよう。

島には4軒の民宿や食事処が営まれている。なかには良好な漁場を抱える獅子島の海の幸をイタリアンで提供したり、屋外デッキで味わうことができたりする食事処もあるが、いずれも事前予約が必須。島を訪れたなら名産の紅甘夏とアオサは味わいたい。またデコポンや紅甘夏の収穫とスイーツづくり、たこつぼ漁体験などのツアーを地元の漁協で企画している。

左上｜冬の潮風に吹かれて旨味を増すアオリイカ
左下｜閉校した片側小学校跡地に残された校舎の時計

獅子島 DATA
周囲：37㎞
アクセス：諸浦港から片側港まで天長（てんちょう）フェリーで20分。1日8便。天草の中田港からもアクセス可。水俣（みなまた）港から獅子島汽船で30分。1日3便。
問合せ：長島町企画財政課
0996-86-1134

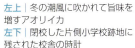

長島は八代《やつしろ》海南端部に位置し、九州本島の阿久根《あくね》市とは黒之瀬戸大橋でつながっている。黒之瀬戸は『万葉集』の歌の南限で、奈良時代、征隼人《せいはやと》時節大将軍《じせつたいしょうぐん》として下向した大伴旅人《おおとものたびと》は太宰府に赴く前にこの地で歌を詠んでいる。黒之瀬戸は幅が狭いため、潮の満ち引きの時には流れが速くなり、鳴門《なると》、来島《くるしま》、関門《かんもん》と並ぶ急潮流にも数えられる。

島のほとんどは山岳で周囲は断崖に囲まれ、集落は丘陵上や谷筋に点在している。幹線から海を見下ろすポイントが多く、南部では汐見の段々畑を望む上《あが》り浜《はま》パークや長崎鼻灯台公園、北東部は行人《ぎょうにん》岳など、長島八景と呼ばれるビュースポットが点在している。

行人岳は修験《しゅげん》の聖地で、山頂付近では毎年2月から3月にかけて、九州本島のマナヅル生息地の出水《いずみ》平野からシベリアに向かう鳥たち

45 長島

ながしま／鹿児島県出水郡長島町

海を望む８つの風景

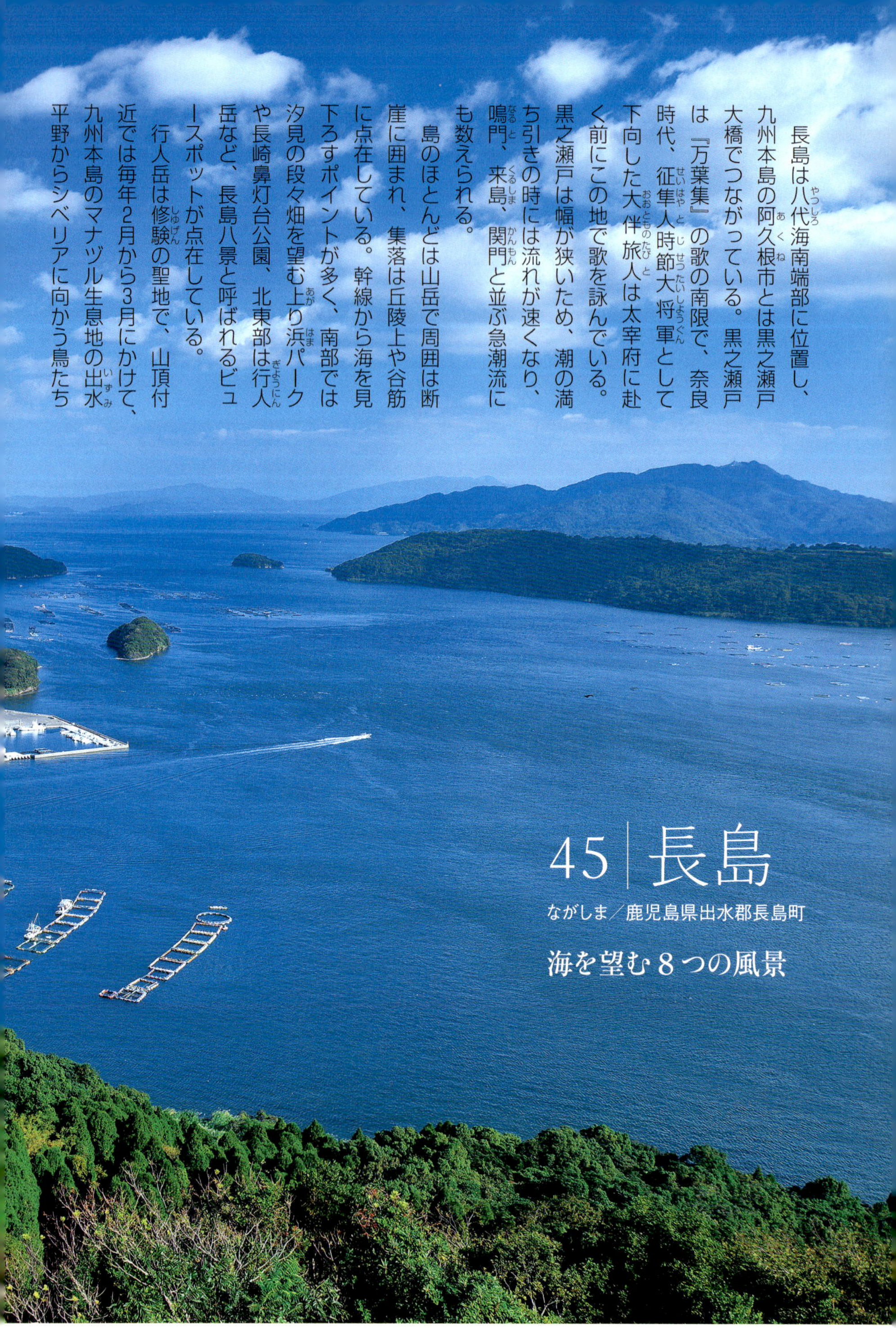

針尾公園から見た八代海の島々。手前は鰤のいけす。条件が合えば長崎県の雲仙（うんぜん）も望める

がここで気流をつかんで上昇する姿が見られる。その条件は快晴で北東の微風が吹く午前中だという。また島北東部の針尾公園は八代海に浮かぶ薩摩松島が一望できる島随一の景観スポットといえる。海景を満喫できる仕様になった針尾空中展望トイレにはぜひ立ち寄ってみよう。

西海岸では、午前は青い海、日暮れ時は茜色に染まった東シナ海の夕景と、時間帯によって違った表情の東シナ海を楽しめる。長島温泉センター・椿の湯の露天風呂からも海が見える。西海岸北部の蔵之元港から出ているグラスボートに乗り込めば、珊瑚や複雑な地形など、海をさらに身近に感じることができる。

島の高台や海岸沿いには積石塚《つみいしづか》と呼ばれる特徴的な海人の古墳が点在し、西部に長島古墳公園が整備されている。また長島では、隔

上左｜道の駅黒之瀬戸だんだん市場に隣接する展望台から見た黒之瀬戸大橋
上右｜長島古墳公園エリアの小浜崎（おばまざき）古墳群の積石塚
下左｜ジャガイモやサツマイモの段々畑
下右｜秋のサツマイモの収穫。「さつま島美人」という九州を代表する芋焼酎も長島でつくられる

PICK UP!

旬には蒸したてのジャガイモを道の駅長島ポテトハウス望陽でテイクアウトできる

長島 DATA
周囲：66km
アクセス：阿久根市から黒之瀬戸大橋経由。天草の中田港から獅子島片側（かたそば）港経由
問合せ：長島町役場0996-86-1111

年秋に造形美術展が開かれることもあって、様々なモチーフのオブジェを発見する楽しみもある。

島内には活きのよい魚が食べられる食事処も多いが、長島はジャガイモやサツマイモの産地としても名高い。赤土じゃがいもは鹿児島県のブランドになっていて、毎年春にはじゃがいもまつりが催される。また長島は温州《うんしゅう》ミカン発祥の地でもあり、島の北東部の日本マンダリンセンターではミカンの歴史を学べるほか収穫もできる。

46·47 48 上甑島·中甑島 下甑島

かみこしきしま・なかこしきしま・しもこしきしま／鹿児島県薩摩川内市

圧巻の断崖クルーズ

甑島は薩摩半島の西に位置し、上甑島、中甑島、下甑島の3島が南北に連なる。かつて五色《ごしき》島と呼ばれていたこの島は、近年、国定公園に指定された。島の周囲のほとんどは断崖で、湾に面したわずかな平地に小さな集落が点在している。人々は皆礼儀正しく、島外からの人を気持ち良く迎え入れてくれる気質が根づいている。

甑島の玄関口は北部の上甑島の里《さと》港で、コミュニティバス、レンタカー、レンタサイクルが主な散策手段。5月から9月にかけては、こしきしま観光局が主催する観光バス・こしききゃんぱくバスが運行しているので予約しておけば効率的に島をまわることができる。

里集落はトンボロ（陸繋砂州）の上に立地し、玉石垣に囲まれた武家屋敷の跡地を中心に生活が営まれている。国指定天然記念物・長目《ながめ》の浜は島の北部に位置する甑

上甑島の長目の浜。写真左の貝池には30億年前のバクテリア・クロマチウムが生息している

島随一の景勝地で、海と池を隔てる砂州が4㎞にわたって弧を描く。その景観は長目の浜展望所と田之《たの》尻《じり》展望所の2カ所のビューポイントから眺めることができる。南部の中甑港からは中甑島と下甑島西海岸の断崖を巡る遊覧船が出ていて、港周辺には飲食店や旅館も点在する。上甑島南端部の軍艦のような断崖上に祀られた巨岩・甑大明神は岩そのものが御神体で、島名の由来となった。

中甑島は、上甑島との間に無人の中島を挟んで甑大明神橋と鹿《か》の子《こ》大橋でつながっている。この一帯はこしき夕焼けシルエットラインとして知られる。また北部には薩摩《さつま》川内《せんだい》の市の花・カノコユリの群落がある。終戦後の食糧難の時にはこのユリの根を焼いて食べたという。島唯一の集落は北東部の平良《たいら》地区で、ここには古き良き漁村の風景が残っている。

下甑島には里港から海路で中部の長浜港に渡る手段しかないが、中甑島と結ばれる藺牟田《いむた》瀬戸の架

上｜上甑島南端の断崖上の甑（蒸し器）の形をした巨岩を祀る甑大明神
中｜中甑港のコシキテラスは遊覧船のターミナル。カフェやショップが併設されている。断崖バーガーが名物
下｜里集落の石敢當（いしがんとう）。石敢當は沖縄でよく見られ、直進する邪気が家の中に入らないように道の突き当たりに置かれる

上｜中甑島の帽子山展望所からは平良集落と上甑島が一望できる
中｜中甑島唯一の平良集落。琉球民家のような寄棟造平屋建が目立つ
下｜中甑島の北部では6月から8月にかけてカノコユリが咲き誇る

橋工事が進んでいる。島は恐竜の化石を含む8000万年前の白亜紀の地層が隆起してできたもので、西海岸は様々な表情を見せる奇岩と険しい断崖絶壁が連なっていて、海に流れ込む滝の姿も見られる。また南部の手打《てうち》湾に面した集落にはかつて武家屋敷があった。

　毎年大晦日に下甑町で行われるトシドンは秋田県のナマハゲに似た祭りで、シュロの皮やソテツの葉をまとい鬼のような面を被ったトシドンが、この1年の子どもの悪行を責めて懲らしめた後に長所を褒めるという、神の力を借りて躾《しつけ》をするような行事。国の重要無形民俗文化財とユネスコ無形文化遺産「来訪神：仮面・仮装の神々」に登録されている。町内の各集落で行われているので一度は見てみたい。

　甑島は九州本島からのアクセスも良いことから、観光を目的に訪れる人も多い。特にスキューバダイビングは九州屈指の人気ポイントとして知られている。これらは

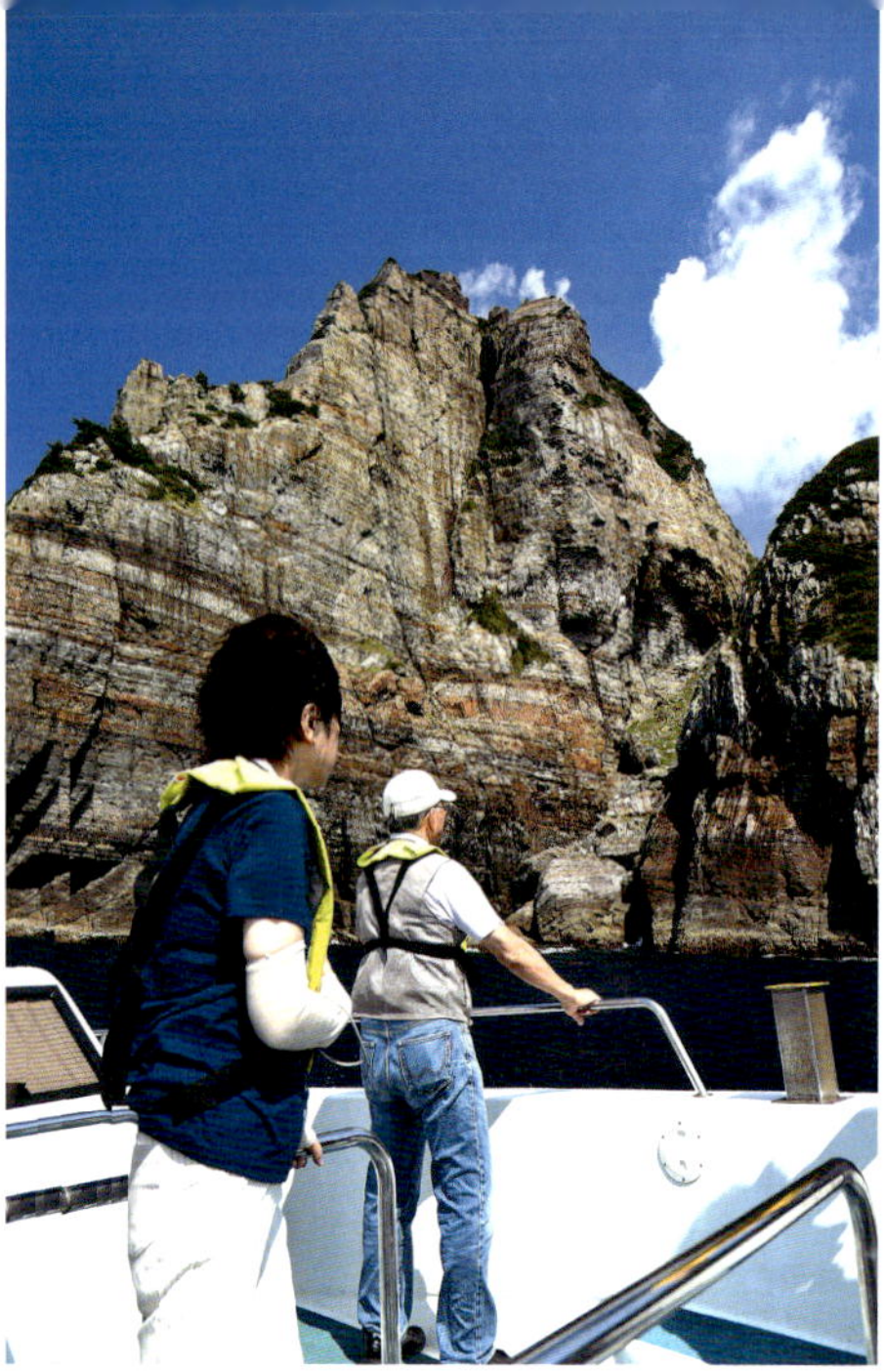

上｜下甑島のシンボルは高さ127mのナポレオン岩／右｜甑島を訪れたなら断崖クルーズは外せない。上甑島の中甑港発着の「観光船かのこ」の所要時間は１時間40分

上甑島里地区のこしきツアーズなどで手配できる。また、上甑島の県民自然レクリエーション村や、瀬尾《せび》観音《かんのん》三滝《みたき》がある下甑島の瀬尾観音キャンプ場にはバンガローやキャンプサイトが整備されている。

甑島では上甑島西部の浦内《うらうち》湾でマグロの養殖が行われていることもあって新鮮なマグロの刺身が食べられ、下甑島では薩摩甘エビが知られている。キビナゴは鹿児島県を代表する魚で、水揚げ量の6割を甑島の漁師が占めている。アオサラーメンもご当地グルメ。

PICK UP!

中甑港にほど近い「寿司かのこ」。マグロやキビナゴなどの海鮮と寿司、アオサラーメンがセットになったランチが絶品。予約が必要

上甑島・中甑島・下甑島 DATA

周囲：上甑島82km、中甑島17km、下甑島85km

アクセス：川内港から上甑島里港まで高速船「甑島」で約50分、下甑島の長浜港まで約１時間35分。１日２便。串木野（くしきの）港からフェリー「ニューこしき」で里港まで１時間15分、長浜港まで約３時間

問合せ：こしきしま観光局
0996-25-1140

日本の水浴場88選の浦田海水浴場

49 種子島

たねがしま

鹿児島県西之表市、熊毛郡中種子町・南種子町

宇宙にいちばん近い島

種子島の海の玄関口は西之表港。ロケットのオブジェや安納芋が描かれたベンチが迎えてくれる

種子島は九州本島最南端の佐多《さた》岬南方に位置し、屋久島《やくしま》や口永良《くちのえら》部《ぶ》島《じま》、馬毛島《まげしま》とともに大隅諸島に属している。険しい山々が連なり洋上アルプスと呼ばれる西側の屋久島とは対照的に、台地状のなだらかな地形で海上からは平坦に見える。空路でのアクセスは中部の種子島空港、海路なら北部の西《にし》之表《のおもて》港が玄関口になる。

港から南端の門倉《かどくら》岬や宇宙センターまでは島を縦断する国道58号線が最短ルートだが、太平洋に面した島の東側を走る県道75号線に進路をとると変化に富んだ地形を楽しむことができる。また種子島では、シーカヤックやクルージング、フィッシングなどのアクティビティも充実し、スキューバダイビングのポイントは島の西側では北部に、東側は中南部に点在する。

西之表市は島随一の繁華街を擁し、ホテルや食事処が集まる。定番のスポットはポルトガルから伝来した火縄銃や国産第1号の火縄銃などを展示した総合博物館・鉄砲館、そして寛政年間（1789～1801）に建てられ代々の種子島家が住んだ月窓亭《げっそうてい》。天気が良ければ、数ある島の海水浴場の中でも一番美しいと評判の浦田《うらだ》海水浴場を訪れてほしい。また西之表市の東に位置する天女ヶ倉《あまめがくら》展望所は高台から島の地形や太平洋側の眺望がきくビュースポットである。

　中種子町の東海岸の犬城《いんじょう》海岸付近は海蝕洞《かいしょくどう》や奇岩が多く見られ、馬立《またて》の岩屋と呼ばれる洞窟では種子島家10代藩主・幡時《はたとき》が修験《しゅげん》道《どう》の修行中に忽然と姿を消し、愛馬が主人を待ち続けたという。ここから少し南下した増田宇宙通信所は千葉県勝浦と沖縄県恩納《おんな》村とともに日本で3カ所しかない宇宙通信施設で、宇宙通信に関連する

展示を見ることができる。

一方、西之表市南部から中種子町北部にかけて東シナ海際を走る国道58号線は琉球国道と呼ばれ、鹿児島市から奄美《あまみ》大島を経由して沖縄本島までつながっている。このサンセットライン沿いの雄龍《おたつ》雌《め》龍《たつ》の岩はいわゆる夫婦岩で、嵐で海に投げ出された夫婦が岩になって現れたと伝わり、今も仲良く注《し》連縄《めなわ》で結ばれている。

南種子町には島随一の景勝地・千座《ちくら》の岩屋がある。太平洋に面した浜田海水浴場は干潮時には広大な砂浜となるが、岩屋はその奥にそそり立つ岩塊の裾が波に削られてできた。ひんやりとした洞窟内の暗闇から外を覗くと白砂とコバルトブルーの海が一段と美しく感じられ、いくつかの岩窟がつながっているのでちょっとした探検気分を味わうこともできる。

千座の岩屋。洞窟に入れる干潮時を狙って訪れよう

種子島最高所の回峯（まわりのみね）（標高234m）を含む山塊に整備された天女ヶ倉展望所

種子島で外せないもうひとつの観光スポットが島南東部のＪＡＸＡ種子島宇宙センター。衛星の軌道となる赤道に近い種子島は、ロケット燃料の効率が良いことと同時に地球の自転速度が利用でき、打ち上げに適した場所であるという。ロケットの丘展望所まで行けば、ここが「世界で最も美しいロケット基地」であることを実感できるだろう。宇宙センターでは宇宙科学技術館を発着点とした1日3回の無料ツアーも催され、普段は立ち入れないロケットガレージや発射台を案内してくれる。また宇宙科学技術館のミュージアムショップにはアイスやチーズケーキ、おにぎりなどの宇宙食も販売されている。ロケットの発射予定はＪＡＸＡのホームページで確認することができるが、そのタイミングでなくともせっかくこの島に来たなら宇宙センターに足を運ぶことをおすすめしたい。

種子島最南端、亜熱帯植物が生い茂る門倉《かどくら》岬は、天文12（1543）年に難破船が漂着し、乗り合わせていたポルトガル人が鉄砲を

左｜中種子町の雄龍雌龍の岩／右｜種子島はサーフィンの聖地。海況が悪くても島のどこかしらで波に乗ることができる。ここ鉄浜（かねはま）海岸は特に大きな波が打ち寄せ、全国からサーファーが集まる

上左｜宇宙センターの無料ツアーでは実物のH-IIAロケットエンジンや司令室などを見ることができる
上右｜宇宙センターのロケットの丘展望所からは大型ロケット発射場や組立棟が見える。赤白の鉄塔はロケットの支えではなく避雷針
下左｜門倉岬。鉄砲をもたらした難破船はこの浜に漂着した
下右｜広田遺跡は、弥生時代の終わりから古墳時代の初めにかけて砂丘上に営まれた集団墓。人骨や、幾何学文が刻まれた貝符・貝輪など大量のアクセサリーが発見された国指定史跡

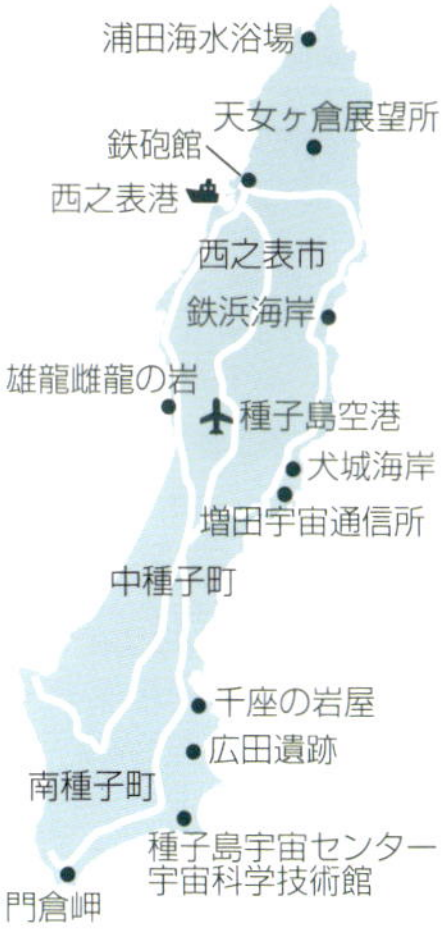

PICK UP!

高い糖度とクリームのようなねっとりした食感が特徴の安納芋

伝えた場所として知られる。宇宙センターから車で15分ほど。南種子町には大和温泉や河内温泉センターなどいくつかの温泉もある。

種子島の名産は安納《あんのう》芋、安納豚、黒糖、落花生だが、南種子町でしか食べることができないものにインギー鶏がある。インギーとはオランダ語でイギリスを意味し、明治時代に嵐で座礁しこの鶏を伝えたイギリス人をそう呼んでいたことに由来する。原産地の中国でも絶滅した幻の鶏だという。

種子島DATA
周囲：170km
アクセス：福岡空港から鹿児島空港経由で約1時間30分。鹿児島本港南埠頭から西之表港まで高速船「トッピー」「ロケット」で1時間40分。コスモラインのフェリー「プリンセスわかさ」で3時間半
問合せ：種子島観光協会
0997-23-0111

上｜種子島の門倉（かどくら）岬から見た屋久島の夕暮れ／下左｜宮之浦のあきんど通りは益救神社につながっている。島内一の繁華街で飲食店も多い／下右｜宮之浦港に面した環境文化村センターでは島の情報が入手できる

50 屋久島

やくしま／鹿児島県熊毛郡屋久島町

洋上アルプスと太古の森

屋久島は九州島最南端の佐多《さた》岬から60㎞南に位置し、東側の種子《たねが》島《しま》などとともに大隅諸島に属している。洋上アルプスともいわれる屋久島には1000mを超える山々が11峰も連なる。最も高いのは九州の最高峰でもある標高1936mの宮之浦岳。海岸際まで山塊が迫った屋久島の地形により島内からその姿を見ることはできない。島の9割が照葉樹林に覆われた秘境で、月に35日は雨が降るといわれる。こうした地形と環境が育んだ特異な生態系により、平成5（1993）年、世界文化遺産の姫路城や法隆寺地域の仏教建造物などとともに日本初の世界自然遺産に登録された。屋久島の原生林はすでに大正年間には国の天然記念物に指定され伐採禁止になっているが、かつて切り倒されそのまま放置されたものや、台風による倒木などの土埋木《どまいぼく》を加工した屋久

杉が工芸品として出まわっている。

旅の拠点は島随一の繁華街があり土産物屋も点在する北部の宮之浦と、昭和レトロな雰囲気が漂う東部の安房《あんぼう》で、鹿児島からの高速船やフェリーが発着する。それぞれ港近くの、大型映像ホールを備えた環境文化村センターと、エコタウンあわほというショッピングセンター内に観光案内所がある。

宮之浦に着いたなら、屋久島の山の神々の遥拝所《ようはいじょ》である益救《やく》神社に参拝しておきたい。『延喜式《えんぎしき》』に記された式内社のうち最も南に

益救神社は南島唯一の式内社

いまにもコダマ（木霊）が出てきそうな苔むす森。白谷雲水峡入口から往復２時間半ほど。ちなみにコダマはトトロに進化したらしい

左｜ヤクスギランドへ向かう安房林道でみかけたヤクザルの群れ
右｜映画「もののけ姫」のシーンのモデルになった太鼓岩からの眺望。苔むす森から往復1時間半ほど
下｜屋久島を代表する樹齢3000年、胸高周囲8.1mの巨木・紀元杉。ヤクスギランドから車で15分ほどの標高1200mの林道沿いにある

位置するこの神社は山幸彦《やまさちひこ》を祀り、奥社は宮之浦岳山頂に鎮座する。

屋久島を訪れる人の多くは登山やトレッキングが目的で、島には限られた時間と自分の体力に見合ったコースの選択肢が用意されている。定番は、ヤクスギランド、白谷雲水峡《しらたにうんすいきょう》、縄文杉、そして宮之浦岳登山などで、標高１０００〜１３００ｍのヤクスギランドだと30分ほどでまわれる初心者向けのコースもある。白谷雲水峡では、くぐり杉や樹齢３０００年を超える弥生杉など変化に富んだ数々の屋久杉、輝くコケ・シダ類、清流、渓谷を楽しむことができ、宮崎駿の映画「もののけ姫」のシーンのモデルになった「苔むす森」と「太鼓岩」までを散策するルートが人気となっている。途中の白谷小屋にトイレはあるもののあまり衛生的とはいえないので、携帯トイレを持参しておくとよいだろう。

屋久島の代名詞、樹齢７２００年を誇る縄文杉へのスタート地点となる荒川登山口は自家用車の乗り入れが禁止されているため、事前に屋久杉自然館発のバスチケットを購入して夜明け前の早朝便で出発する必要がある。そこから片道11kmのトロッコ道をひたすら歩き、ハート形の切り株で有名なウィルソン株や大王杉を経由して往復10時間の道程にチャレンジすることになる。こうした本格的なトレッキングでなくてもレインコートは必需品で、携帯トイレなどの登山グッズも土産物屋で手に入る。お弁当が必要な時は弁当屋や宿泊所で前日に予約しておこう。

屋久島では滝もまた見所のひとつ。島南部には千尋《せんぴろ》の滝や、北海道知床《しれとこ》のカムイワッカ湯の滝など

左｜落差80mの大川の滝。近くに駐車場も整備されている
右｜干潮時に姿を現す平内（ひらうち）海中温泉はマニア垂涎の秘湯。１kmほど西の湯泊（ゆどまり）温泉も海際にある

と同じく直接海に流れ込む滝として知られるトローキの滝があり、南西部に位置する大川《おおこ》の滝は日本の滝100選に選ばれている。大川の滝とその北側の屋久島灯台を結ぶ西部林道は世界遺産の範囲で、ここでは高い確率でヤクザルやヤクシカに出会うことができる。ただし道が狭いので運転には注意が必要な所も多い。

山のイメージが強い屋久島で海を楽しみたいならスキューバダイビングやシーカヤックにチャレンジするのもよいだろう。北西部の永田いなか浜は屋久島屈指の美しい海岸で、初夏のウミガメ産卵のシーズンや夏の子ガメ放流の時期には、地元の保護団体が催す観察会に参加することも可能だ。

特産品のトビウオは、首折れサバとともに島の居酒屋の定番メニューになっている。またヤクシカは昔から神の使いとされてきたが、最近では増えすぎたシカの獣害の影響もありジビエとして提供する店も珍しくない。このほか、カメノテや夜光貝が食用として普通に売られていることにも驚く。タンカンとポンカンも名産で、フレッシュなジュースも飲んでみたい。

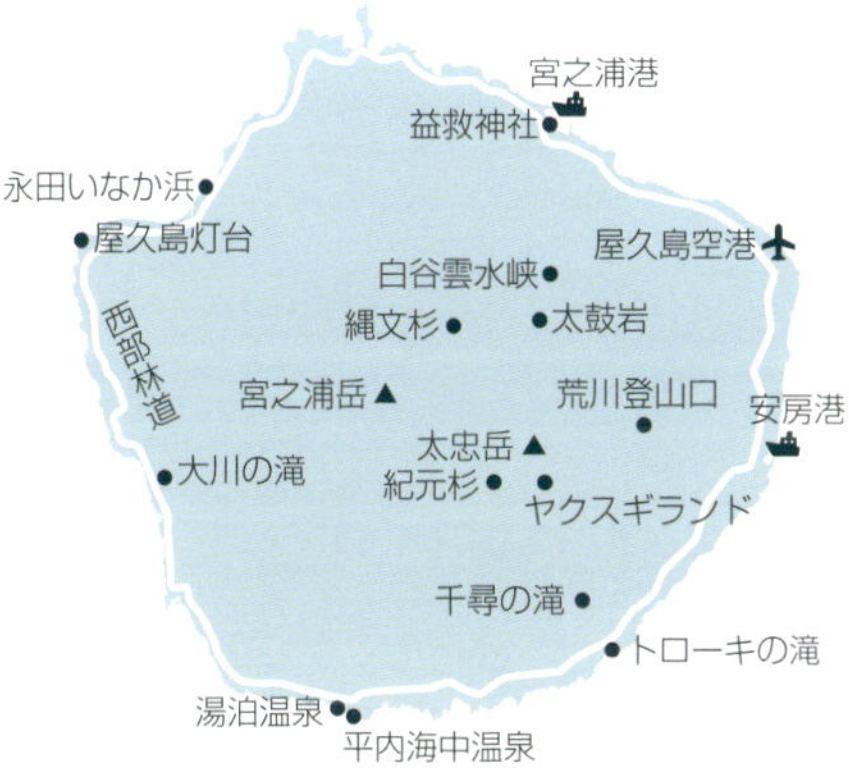

屋久島 DATA
周囲：127km
アクセス：鹿児島本港南埠頭から宮之浦港・安房港まで高速船「トッピー」「ロケット」で２～３時間。１日６便。宮之浦港まで折田汽船のフェリー「屋久島２」で４時間。１日１便
問合せ：屋久島観光協会0997-49-4010

屋久島はトビウオの漁獲量が日本一

硫黄島港前にはウェルカムペイントや観光案内所がある

51 硫黄島

いおうじま／鹿児島県鹿児島郡三島村

地球の鼓動を感じる火山島

PICK UP!

民宿に泊まれば、アクが少なく刺身でも食べることができる大名筍が食卓に並ぶ

硫黄島は薩摩半島南端から40㎞ほど南の薩南諸島北部に位置する。古代日本の南端で『平家物語』に記される流刑の地・鬼界ヶ島《きかいがしま》は、この硫黄島か、さらに南方の喜界《きかい》島《じま》と考えられている。三島村を構成する竹島、黒島、硫黄島は、もとはトカラ列島の7つの島とともに十島村《じっとうそん》に属していたが、戦後にアメリカの占領下となっていた北緯30度以南のトカラ列島が本土に返還され十島村《としまむら》になった時に分離されて三島村が成立した。

硫黄島は、竹島、黒島とともに日本一小さなジオパーク・鬼界カルデラジオパークの一角を占めている。竹島と硫黄島を結ぶ東西のラインが、今から7300年前の縄文時代の巨大噴火によって陥没してできた直径20㎞ほどの鬼界カルデラの北縁部にあたる。硫黄島港（長浜湾）の西側に切り立つ断崖がまさに外輪山の縁で、この島では噴火や地殻変動の痕跡をいたるところで目の当たりにできる。

硫黄島のイメージを象徴する標高704ｍの硫黄岳は、現在、6合目にある展望台も含めて火山ガスの噴出により入山禁止になっている。活発な活動が続いている火山島らしくあちらこちらで温泉が湧いていて、なかでも硫黄岳の南側の東《ひがし》温泉は、断崖下の波打ち際に3つの湯船が並ぶ絶景の秘湯といえる。晴れていれば、温泉のエメラルドグリーンと、海のミルキーブルーやコバルトブルーがコントラストを奏でてくれる。港から

硫黄島の象徴・硫黄岳は活動レベル・ランクＡに位置づけられ、絶えず噴気を上げている

東温泉はph1.2と全国屈指の強酸性泉なので入浴する時は金属製品を外した方がよい。混浴で水着可。石組みの脱衣所もある

東温泉までの交通手段はないが、2㎞あまりなので歩いて40分もあればたどり着ける。硫黄島には北端部の坂本温泉などいくつかの露天温泉のほか、港近くの三島開発総合センターに内湯がある。

　港に面した集落には、平安時代に平氏打倒を企てたとしてこの島に流された俊寛僧都《しゅんかんそうず》を偲ぶ像や、安徳天皇の墓所と伝わる石塔群が佇む。安徳天皇は壇ノ浦の戦いで入水《じゅすい》したが、実は硫黄島に渡り生涯を閉じたという伝説が残る。港の南西側の恋人岬は外輪山にあたる島随一のビューポイントで、伊豆の恋人岬と同じように、鳴らすと幸せになれるという鐘がある。集落からは少し距離があるため、できれば宿の車を借りて訪れたい。

　島内には5軒の民宿が営まれているが、ツリーハウスやテントを格安で貸してくれる冒険ランドいおうじまというキャンプサイトがあるので、離島の自然の中で一夜を過ごすのもよいかもしれない。

　硫黄島に来て驚くのが野生のクジャク。昭和中頃のリゾート開発の際に持ち込まれ、今では100人余りの島民の数よりも増えているため集落でもその姿をよくみかける。なかでも白いクジャクは幸運をもたらすという。また港の東側の高台に建つジャンベスクール

硫黄島港に入港するフェリー「みしま」と外輪山の断崖。恋人岬公園に至る岬橋からの眺めは絶景

上｜熊野神社に納められているメンドンの仮面。熊野神社は俊寛の放免を願って紀州熊野権現が勧請された
右｜三島開発総合センター前の俊寛僧都の像。かつて5代目・中村勘九郎が歌舞伎「俊寛」をこの地で演じた
左頁上｜集落を歩き回るクジャク

はギニアなど西アジアの伝統的な打楽器・ジャンベが学べるアジアで唯一の本格的な学校で、毎年6カ月間の留学生を募集している。

島の一大イベントは、毎年8月第1土曜に開催される薩摩半島・枕崎発のヨットレース・みしまカップ。普段は静かな離島も、全国から50挺ほどのヨットが集結するこの時ばかりは賑わいを見せる。

また毎年旧暦の8月1・2日に行われる神事で国指定重要無形民俗文化財のメンドンは「来訪神：仮面・仮装の神々」としてユネスコ無形文化遺産に登録されている。一見するとお茶目な容姿の仮面神が集落内を練り歩き、女性に乱暴したり観客を木の枝で叩いたりして暴れまわり厄払いをする奇祭である。三島村には黒島のオニメン、竹島のタカメンが仮面神の祭りとして伝わっている。

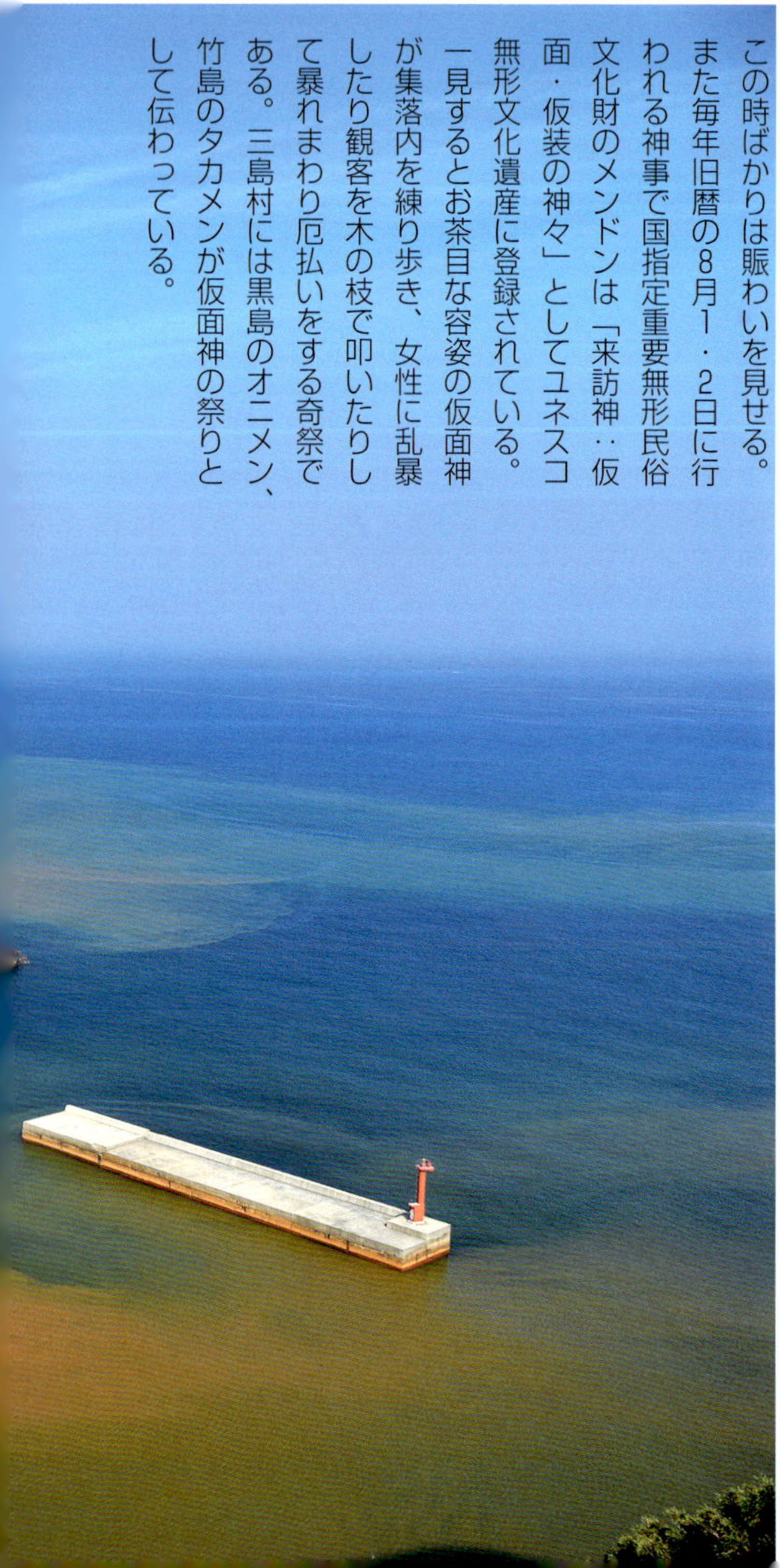

フェリーが島を離れる時には島民やジャンベの楽隊が旅人を見送ってくれる

硫黄島 DATA
周囲：19km
アクセス：鹿児島本港南埠頭から硫黄島港まで、村営フェリー「みしま」で竹島経由約４時間。週４便。または鹿児島空港から薩摩硫黄島飛行場まで、新日本航空のチャーター便が出ている
問合せ：三島村観光案内所09913-２-2370

海底から湧き出す温泉で褐色に染まる硫黄島港。
緑に彩られた稲村岳の奥は硫黄岳。恋人岬から

左｜悪石島は断崖で囲まれている。最高所は標高584mの御嶽（みたけ）
右｜やすら浜港の桟橋ではボゼが描かれたウェルカムボードが迎えてくれる

52｜悪石島

あくせきじま／鹿児島県鹿児島郡十島村

仮面神・ボゼが現れる秘境

悪石島は屋久島と奄美大島の中間、トカラ（吐噶喇《とから》）列島の中央部に位置する。鹿児島本港からは4つの島を経由して10時間半ほどの船旅となる。上陸することを躊《ちゅう》躇《ちょ》させるようなネーミングの島だが、一説には平家の落人が追っ手を寄せ付けないためにあえて名づけたともいわれる。島の周囲は切り立った断崖で、人が立つこともままならないような崖面にトカラヤギの姿がある。もともと10の島からなっていた十島村《じっとうそん》は、戦後、口之島を北限とする島々がアメリカの占領下に置かれたが、昭和27（1952）年に日本に返還された7島が十島村《としまむら》となった。

海に面した崖に立つトカラヤギ

フェリーが発着するやすら浜港から急傾斜の坂道を上り切った上集落が島の中心で、集落の入口には役場の出張所と、最近になってようやくできた島唯一の郵便局がある。すぐそばには秋吉茂のルポルタージュ『美女とネズミと神々の島』の文学碑が建っている。

亜熱帯のジャングルに覆われたこの島には4軒の民宿が営まれているが購買店もないため、お土産を手に入れるならフェリー「としま」の売店のみ。なかでもボゼのTシャツは希少なものだろう。

上集落で旧暦の7月16日に行われるボゼ祭りは日本有数の奇祭として知られ、薩摩硫黄島のメンドンや甑島《こしきしま》のトシドンとともにユネスコ無形文化遺産「来訪神：仮面・仮装の神々」の構成資産となっている。テラと呼ばれる墓に隣接した聖域で盆踊りが終わると近くの公民館に島民が集まり、太鼓の

島はアダンやソテツが生い茂る亜熱帯のジャングル

左２枚｜上は海中温泉。岩に描かれた温泉マークが目印。下は砂蒸し風呂
右｜ボゼは年に一度、常世（とこよ）から現れ、悪霊を払うとともに豊穣をもたらす
下｜島中坂森神社や金山神社の朱塗りの鳥居には鋸歯文（きょしもん）が刻まれている

合図とともに森から3体のボゼが現れる。ボゼは耳が大きく縦縞の仮面を被り、全身にビロウの葉をまとった姿で、アカシュイと呼ばれる赤土を塗りたくったマラ棒を握って子どもや女性を追いまわす。ボゼ神から赤土をつけられると悪霊が祓われ、また安産が成就するらしい。ボゼ役は総代が若者の中から指名する。毎年、この祭りに合わせて中川運輸による鹿児島本港発着のツアーが催行されている。近海では思いがけずイルカの群れに出くわす楽しみもある。

トカラ列島の島々は火山帯の上にあるので秘湯と呼べるような温泉も多いが、悪石島もその例に漏れず、やすら浜港がある浜集落の西側に湯泊《ゆどまり》温泉、砂蒸し風呂、海中温泉などの温泉が点在している。島では鰆《さわら》の燻製体験もできる。

PICK UP!

祭りの日、70人ほどの島民の服は「悪」Tシャツで統一される

悪石島 DATA
周囲：９km
アクセス：鹿児島本港南埠頭から中川運輸のフェリー「としま」で約10時間半。週２便
問合せ：十島村役場099-222-2101

53　小宝島

こだからじま／鹿児島県鹿児島郡十島村

妊婦の形をした小島

右が頭、左が妊婦のおなか。頭の部分はうね神として信仰の対象になっている

　トカラ列島の悪石島《あくせきじま》と宝島の間に位置する人口60人ほどの小島。インディゴブルーの海に浮かんだ小宝島を南側から見ると、うね神と呼ばれる岩が顔に、最高所の竹の山が子どもを宿したお腹と、まるで妊婦が仰向けに横たわったような形をしている。島には奇岩が多く、フェリーが発着する桟橋近くの赤立神《あかたちがみ》のほか、北東部にはペンギンが祈りを捧げているように見える岩もある。トカラ列島は鹿児島本土や奄美大島への船便が週に2度しかないため漁業には不適で、島々の基幹産業として牧畜が行われている。島に売店はないが、3軒の民宿が営まれているので頼めばお弁当をつくってくれる。

　桟橋近くの南風原《なんぷうばら》牧場の牛たちがゆったりとくつろぐ姿を左手に見ながら岬方面に歩き、マッシュルームのような奇岩群が林立する遊歩道を進むと赤立神が現れる。尖塔形の赤い色が印象的な巨岩は、その周囲のテラス状の平坦部分を燭台《しょくだい》になぞらえ、島ではろうそく岩と呼ばれている。タイミングが良ければ赤立神の頂に沈む太陽が重なり、ロウソクに灯がともったような光景に出会うことができる。この岩の側面には大きな縦長

上左｜赤立神の横にある海水浴場は砂浜はなくサンゴの岩でできている。自然の贅沢なプール
上右｜トカラ列島の桟橋には歓迎のウォールペイントが描かれている。十島村の港では定番の風景
下｜小宝港とフェリー「としま」。港は波の影響を受けやすく抜港することも多いので上陸できれば幸運だ

珊瑚礁の上にそびえ立つ赤立神

の穴があいていて女性の陰部とされる。そうしたことから赤立神は女神の化身とされ、女人禁制の聖地になっている。

集落は牧草地の先のアダンやソテツが生い茂る道を抜けた島の東側に位置し、小宝神社、民宿や製塩所、露天の湯《ゆ》泊《どまり》温泉がある。また島には宝島にもいるトカラハブが生息している。ふつうのハブに比べると小型で毒性も劣るようだが、散策する時には気をつけた方がいいだろう。島は珊瑚礁で土がないためなのか、近年までは風葬の習慣が残っていたという。

地島 DATA
周囲：３km
アクセス：鹿児島本港南埠頭から中川運輸のフェリー「としま」で約12時間。週２便
問合せ：十島村役場
099-222-2101

54 宝島

たからじま／鹿児島県鹿児島郡十島村

キャプテンキッドの財宝

　有人島としてはトカラ列島の最南端にあたる。奄美大島からアクセスすることもできるが、鹿児島本港からだと、口之島、中之島、平島《たいらじま》、諏訪之瀬島《すわのせじま》、悪石島《あくせきじま》、小《こ》宝島《だからじま》の6つの島を経由して13時間ほどの船旅の末にようやくたどり着く秘境。この宝島には17世紀に活動したスコットランドの海賊・キャプテンキッドが財宝を隠したという言い伝えが残り、ロバート・スティーヴンソンの小説『宝島』のモデルともされている。島には6つの鍾乳洞があり、そんなこともトレジャーハンターの冒険心をくすぐるのかもしれない。

　集落はハート形をした島の北側の前籠《まえごもり》港からほど近い緩やかな斜面一帯に立地する。役場の出張所となっているコミュニティセンターを中心に学校や診療所、郵便局、民宿、鹿児島からのフェリーが入港する火曜と土曜のみ営業される友の花温泉などが集まっている。売店もあるが、開いているのは朝夕たった1時間ほど。

　宝島は珊瑚が隆起した島なので

上｜大間海岸のリーフは極上のシュノーケリングポイント

下｜ハート形の宝島を上空から見つけることができると幸せになるという。右側の凹部が前籠港

PICK UP!

島に着いてまず目にとまるのが前籠港の崖に描かれた巨大アート。宝島の海をテーマにしている

上｜イマキラ岳の山頂から南東に突き出す荒木崎を望む
下｜島の南西部の大間海岸近くにある観音堂は島最大の鍾乳洞。トカラ神道の拝所（うがんじゅ）でもある。洞窟にはトカラハブも多く生息するので注意が必要

出航する時には島の人たちが見送ってくれる。誰もがまた島に帰ってきたいという気持ちになるだろう

石垣や庭の敷砂利も珊瑚で、墓に供えられたアダンの実や公園のカジュマル、民家の塀に埋め込まれた夜光貝なども南国らしさを醸し出している。島民は１３０人あまりで、そのうちの３分の１を島外からの移住者が占めている。

港から集落に向かう坂はイギリス坂と呼ばれる。江戸時代、島に上陸し牛を略奪したイギリス人を島民が射殺した事件は、鎖国下の長崎港にイギリスの軍艦が不法侵入したフェートン号事件とともに異国船打払令のきっかけになった。

島の北西部には日本在来のトカラ馬や牛が放牧され、島の基幹産業になっている。島の最高所のイマキラ岳は標高２９２ｍとそれほど高くはないが、トカラ馬の形をした展望台からは南端の荒木崎灯台をはじめ、北に小宝島、南は奄美大島と、３６０度の絶景パノラマを楽しむことができる。

島の特産品には、ミネラル分豊富な塩、島バナナのコンフィチュールなどがある。

宝島 DATA
周囲：12㎞
アクセス：鹿児島本港南埠頭から中川運輸のフェリー「としま」で約13時間。奄美大島の名瀬港から約３時間半。週２便
問合せ：十島村役場099-222-2101

奄美大島へ向かう船上から見た喜界島の朝焼け

55 喜界島

きかいじま／鹿児島県大島郡喜界町

サトウキビと蝶の島

喜界島は奄美《あまみ》大島の東25㎞に位置する珊瑚礁が隆起してできた島で、島の中央の台地を取り巻くように7つの集落が点在している。この島は年間2㎜も隆起し続けていて、その速度は世界でも類を見ないという。喜界島は奄美群島国立公園の一角を占め、「日本で最も美しい村」連合にも加わっている。九州の島としては長崎県小値《おぢ》賀島《かじま》とここ喜界島だけで、特に北部のサトウキビ畑を長さ2・5㎞にわたって貫く一本道・シュガーロードは、北海道の大地とも重なる雄大な景色である。

島内には遠浅の海岸でウミガメも上陸する池治《いけじ》海水浴場や、北部のハワイビーチなど、特に西海岸沿いに美しい海水浴場が点在する。また喜界島はオオゴマダラの北限生息地で、蝶の島としても知られている。この島には東シナ海と太平洋を分かつ東経130度の子午線が通ることから、北西部の小野《おの》津《つ》の海際にモニュメントがあり、東海岸を走る県道には黄色のラインで子午線が明示されている。

旅の拠点は港や空港がある湾《わん》地区で、2つの施設を結ぶ県道沿いに旅館やホテル、居酒屋、土産物コーナーを併設するスーパーが徒歩圏内に点在する。喜界空港はもともと海軍の飛行場だったことも

あり、近くには、太平洋戦争時に特攻機を格納した掩体壕《えんたいごう》や戦闘指揮所跡が残っている。空港西側に位置するスギラビーチは島屈指の美しさを誇り、入り江になっているため波も穏やか。ミルキーブルーの海を望む臨海公園は夕焼けのスポットでもあり、キャンプ場も併設されている。平安時代に平氏打倒を企てたとして流刑となった「鬼界ヶ島」の所在地は三島《みしま》村の硫黄島という説が有力だが、ここ喜界島もまたその候補地で、俊《しゅん》寛僧都《かんそうず》の墓と坐像がある。

喜界島には一面に広がるサトウキビ畑の風景のほかに、台地上と島を周回する県道619号線沿いを中心に見所が点在し、車やレンタルバイクがあれば1日でひと通りまわることができる。

中部の台地の縁に位置する百之台公園は奄美十景のひとつに数えられる島随一の景勝地。太平洋の

見渡す限りのサトウキビ畑の中を真っ直ぐに延びる一本道はドラマ「ウォーターボーイズ 2005夏」などのロケ地となった

空港横のスギラビーチの美しさは喜界島随一

珊瑚礁、防風林に囲まれた集落、ガジュマルやアコウの森林域が一望できる。百之台公園の西側、島の中央で発見された城久《ぐすく》遺跡群は国指定史跡。平安時代から室町時代にかけて東アジア地域の交易の拠点のひとつとなった遺跡で、発掘調査の後に埋め戻してあるが、出土した品々が埋蔵文化財センターに展示されている。また東海岸に面した県道沿いの阿伝《あでん》集落はそれぞれの家が暴風対策として築いたサンゴの石垣で囲われ、すれ違うのも苦労するほどの細い路地から真っ青な海がのぞく。この島にはハブもいないので石垣の間を縫ってゆっくり散策したい。

島の名産には黒糖と黒糖焼酎、そして生産量が日本一の白ゴマがある。またヤギの刺身や、内臓と血を炒めたカラジュウリという料理が名物で、伊勢エビや夜光貝、海岸に生えているサクナーという

サンゴの石垣と防風林によって民家が守られた阿伝集落

薬草の天ぷら、油ぞうめん、俵形のご飯に薄焼き卵を巻いた奄美大島で定番のおにぎりなど島グルメも楽しみが多い。

PICK UP!

ヤギの刺身。ヤギ肉は鶏肉のようでまったくクセがない

上｜島南端部の手久津久（てくづく）集落の外れにある巨大ガジュマル。
下｜鹿児島と沖永良部（おきのえらぶ）島の知名（ちな）を結ぶフェリーの下り便は早朝に喜界島に着き、上り便は夜に鹿児島に向けて出航する

喜界島 DATA
周囲：50㎞
アクセス：鹿児島本港北埠頭から喜界島の湾港まで奄美海運のフェリー「きかい」「あまみ」で11時間。週４便。鹿児島空港から飛行機で約１時間10分
問合せ：喜界島役場企画観光課0997-65-3683

右｜標高203mの百之台公園から望む太平洋。公園一帯は奄美群島国立公園の指定区域。近くにはアサギマダラの観察地がある

上｜奄美十景のひとつ・あやまる岬は奄美空港の北側。水平線が丸みをおびる
下｜ヒカゲヘゴ。奄美大島は島全体が亜熱帯植物に覆われている

56｜奄美大島

あまみおおしま
鹿児島県奄美市、大島郡龍郷町・瀬戸内町・大和村・宇検村

東洋のガラパゴス

奄美大島は九州島の南方380㎞、鹿児島と沖縄の中ほどに位置する奄美群島の中核の島。北部はなだらかな地形で、中南部は山岳で占められる。島にはドライブ、海と山のアクティビティ、カフェ巡り、夜の歓楽街と、旅を堪能できる要素が揃っている。こうした現代的な顔を持つ一方で、島には沖縄の祝女《ノロ》に似た、神様と交信ができるユタというシャーマンが今でもいるという。奄美大島へのアクセスは飛行機か船。航路では北部の東シナ海側の奄美市名瀬《なぜ》港と南端部の瀬戸内町古仁屋《こにや》港に入るが、前者が島の玄関口となる。

名瀬港から街までは徒歩圏内で、ショッピングであればティダモール中央通り商店街、夜の街を楽しむなら屋仁《やんご》川通り界隈に郷土料理の店や古き良きネオンサインを掲げたスナックなどが集まり、離島の繁華街としては飛び抜けた規模

土盛海岸のブルーエンジェルと呼ばれる美しく澄んだ海

左｜屋仁川通りは県内では鹿児島市に次ぐ規模の歓楽街
中｜街の露天で振る舞われる黒糖焼酎
右｜奄美市の中心街は名瀬港に沿ったわずかな平地に展開している

といえる。周辺で奄美を代表するスポットといえば、やはり奄美観光ハブセンター。そして大浜海浜公園は東シナ海に沈む夕日が素晴らしい奄美十景のひとつで日本の渚100選にも数えられ、園内に小さな水族館も併設している。

少し足を延ばした名瀬山中の金《きん》作原《さくばる》原生林は、恐竜の餌とされる巨大なヒカゲヘゴなどジュラシックパークの世界を彷彿とさせる亜熱帯植物のジャングルで、頭部の瑠璃色と体部の褐色が印象的な国の天然記念物・ルリカケスなどの稀少な鳥も生息している。市街から南に下った島中央部の住用《すみよう》町に広がるマングローブ原生林は金作原原生林とともに奄美群島国立公園の一角を占める。古い建物に興味があるのなら、奄美市の西に接した大和村の群倉《ぼれぐら》と呼ばれる高床式倉庫群は一見の価値がある。

北部の一番の楽しみ方は東海岸

沿いのドライブだろう。奄美十景のひとつ、あやまる岬を筆頭に、土盛《ともり》海岸、用安《ようあん》海岸、赤尾木湾に面した倉崎《くらさき》海岸と、南の島ならではのとびきり美しいグラデーションの海景を魅せてくれる。龍郷《たつごう》町から笠利《かさり》町にかけてのエリアに点在するビーチは奄美空港からのアクセスも良い。

この県道601号線から82号線・竜郷奄美空港線沿いには、国指定史跡で縄文時代の竪穴住居跡や墓が発掘当時のまま展示されている宇宿《うしゅく》貝塚史跡公園、奄美の文化と歴史を紹介した奄美パークと奄美大島を描き続けた画家・田中一《いっ》村《そん》記念美術館、泥染めや手織りが体験できる大島紬《つむぎ》村、そして奄美ブルーを望む洒落たカフェもある。こうした奄美北部を俯瞰《ふかん》する穴場の絶景ポイントとして龍郷町の加《か》世間《せけん》峠近くのパラグライダー発進場があり、東に太平洋、西に東シ

龍郷町の倉崎海岸。隕石孔（いんせきこう）といわれる奄美クレーター（赤尾木湾）の北端に位置する

ナ海と2つの海の眺望が開ける。

奄美大島南端部に位置する瀬戸内町の古仁屋は島内では名瀬に次いで大きな町で、加計呂麻島《かけろまじま》へのフェリーはこの港から出ている。町内にはヤドリ浜など美しい海水浴場もある。また近くのホノホシ海岸は、波が引く時に丸い礫《れき》が擦れ合って音を奏でる変わった海岸で、海岸の石は決して持ち帰ってはいけないという。

奄美大島では夏場を中心として様々な体験プログラムが用意されている。島素材のアクセサリーづ

上｜用（よう）海岸の朝焼け。奄美大島北端部の笠利崎周辺には奇岩が多い
下｜用安海岸が一望できるカフェレストラン・奄美きょら海工房

PICK UP!

鶏飯は鶏肉、錦糸卵、椎茸、パパイヤの漬け物にゴマなどの薬味を載せ、鶏スープをかけて食べるスープ飯。具材やスープを自分でよそう楽しみがある

上｜マングローブの原生林
下｜アマミノクロウサギは特別天然記念物で奄美大島と徳之島に生息する。耳と脚が短いことが特徴。写真は標本

くり、アマミノクロウサギナイトツアー、モーターパラグライダーをはじめシュノーケリングやスキューバダイビングのポイントも点在している。

また島の名物も多く、島民のソウルフードである鶏飯《けいはん》、沖縄で定番のサーターアンダギー、そしてコンビニやスーパーには必ず置いてある卵巻きおにぎりは外せない。ソウルドリンクはれんとに代表される黒糖焼酎だが、島の人であれば誰もが知っているみきという飲み物がある。みきは神酒に由来する甘酒とヨーグルトを混ぜ合わせたような米の発酵ドリンクで夏バテにも効くらしいが、好き嫌いが分かれるところだろう。

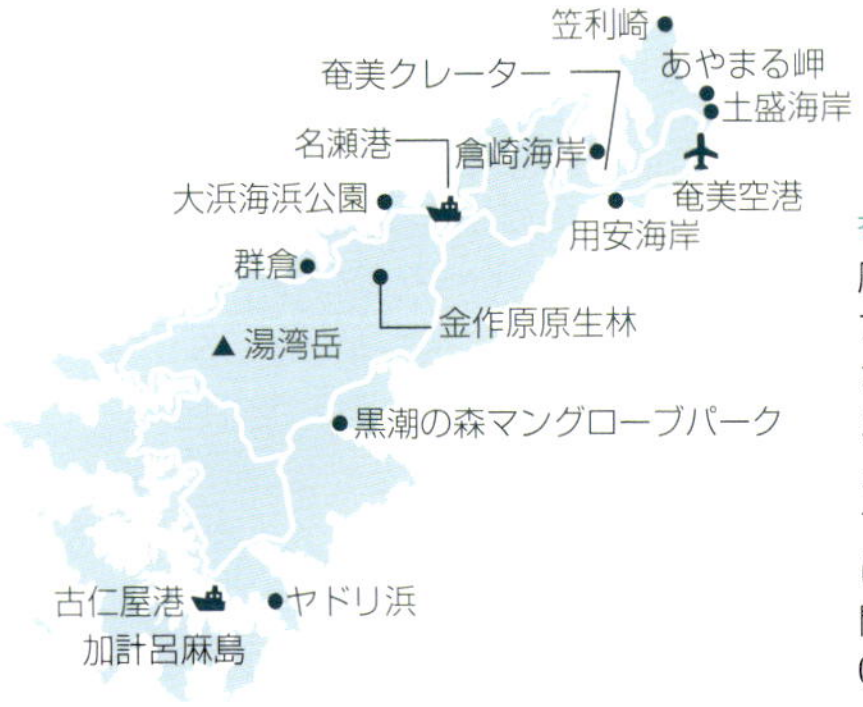

奄美大島 DATA
周囲：461km
アクセス：鹿児島新港から名瀬港までマリックスラインの「クイーンコーラル」、またはマルエーフェリーの「波之上」「あけぼの」で約11時間。それぞれ週3～4便。ほかに喜界島経由便あり
問合せ：奄美大島観光案内所
0997-57-6233

左｜島の東側から見た徳之島。井之川岳は島のシンボル的存在
下｜当時の皇太子と美智子妃殿下が訪れた畦プリンスビーチの目の前のラグーンは絶好のシュノーケリングポイント

57｜徳之島

とくのしま

鹿児島県大島郡徳之島町・天城町・伊仙町

長寿日本一の島

奄美群島の一角を占める徳之島は奄美大島の南に位置し、井之川岳（標高645ｍ）を中心に南北に山塊が連なる。これらの山塊の裾から台地状の地形が海に続き、アダンやソテツなどの亜熱帯植物の群生や、基幹産業になっているサトウキビの畑が島を覆っている。

　フェリーの鹿児島航路だと東海岸の徳之島町亀徳《かめとく》新港が帰着点になり、宿泊施設や飲食店はその南の島随一の繁華街を擁する亀津地区に集まる。北部の畦《あぜ》プリンスビーチではシュノーケリングを楽しむことができ、無料のキャンプ場も隣接している。島の北端部、金《かな》見《み》集落のソテツトンネルはソテツのアーチが200ｍほど続き、なかには樹齢400年を数えるものもある。また集落の高台には太平洋が見渡せるジビエカフェが営まれている。

　南部の伊仙町は長寿の島を世に知らしめた泉重《いずみしげ》千代《ちよ》さんの出身地で、120歳まで生きたとして一時はギネス認定を受けた。徳之島の焼き物・カムイヤキは平安時代から鎌倉時代にかけて南西諸島に供給され、その窯跡が伊仙町の山奥の谷筋に保存されている。また伊仙町随一のビューポイントは島の南西部にあたる犬田布《いぬたぶ》岬で、奄美十景のひとつに数えられる。岬

PICK UP!

シークニンは島に自生するミカン。シークワーサーの原種でビタミンCはミカンの60倍

上｜金見崎のソテツトンネル。樹齢300年のアーチが200mほども続く
下左｜犬田布岬の先端に建立された戦艦大和の慰霊碑
下右｜伊仙町の松原闘牛場

からの優れた眺望もさることながら、昭和20（1945）年に世界最大の戦艦「大和」（長さ263m）が爆撃により沈んだ場所が鹿児島県枕崎《まくらざき》南西沖に特定されるまでは有力な候補地であり、大和のブリッジと同じ高さの碑が建立されている。

また伊仙町は、愛媛県宇和島市、新潟県長岡市、島根県隠岐《おき》の島《しま》町などとともに闘牛が盛んな土地としても知られ、島の7カ所に点在する闘牛場で1月の初場所、5月の春場所、10月の秋場所の全島一大会をはじめとする様々な大会が催されている。その中心的な存在である全天候型の闘牛場・なくさみ館では闘牛の歴史を学ぶこともできる。出場する牛は4つの階級に分かれ、それぞれ相撲と同じように横綱以下の番付がある。日本で最も熱いともいわれる徳之島の闘牛はすでに江戸時代には盛んに行われていて、今でも島民が盛り上がる娯楽として地域に根付いている。タイミングが良ければ牛のロードトレーニングに出くわすかもしれない。大会期間中に島を訪れたなら闘牛場に足を運んでみるのもよいだろう。

徳之島 DATA
周囲：89km
アクセス：鹿児島新港から亀徳新港までマリックスラインの「クイーンコーラル」、またはマルエーフェリーの「波之上」「あけぼの」で約14時間40分。それぞれ週3～4便
問合せ：徳之島町観光協会
0997-82-0575

上｜ムシロ瀬は南西諸島には珍しい花崗岩が海岸沿いに広がる
下左｜犬の門蓋のめがね岩。昔、飢饉の時に人畜を襲った犬をここから海に投げ入れたと伝わる
下右｜「アマミノクロウサギ飛び出し」「闘牛トレーニング中」の標識は徳之島ならでは

西海岸沿いの天城町《あまぎ》は徳之島空港を抱える空の玄関口にあたる。子宝空港の愛称をもつだけあって、徳之島の3町は常に出生率ランキングのトップ10圏内に入っている。また平土野《へとの》港は奄美航路のフェリーの発着所となる。天城町の観光スポットは隆起珊瑚が荒波によって浸食された奇岩が見られる犬《いん》の門蓋《じょうふた》や、様々な形の花崗岩《かこうがん》が広がる北部のムシロ瀬で、犬田布岬と並ぶ徳之島屈指の景勝地である。徳之島にはハブや、絶滅危惧種で特別天然記念物にも指定されているアマミノクロウサギが生息するが、天城町山中の南部ダム横のアマミノクロウサギ観察小屋では、事前予約をすれば固定カメラで撮影した映像を見ることができる。

徳之島では毎年6月にトライアスロンが行われ、島人総出で大会を盛り上げている。また高橋尚子さんのトレーニングコースとして知られる「尚子ロード」もある。

島のグルメは豚の角煮や豚足で、特産品には豚味噌や味噌豆のほかパッションフルーツなどのトロピカルフルーツがある。サタテンプラというまん丸いドーナツは島人のおやつとして人気である。

58 与論島

よろんじま／鹿児島県大島郡与論町

九州最南端の極上リゾート

サンゴ礁に囲まれたラグーンを形成する与論島

茶花地区の中心から歩いてアクセスできるウドノスビーチ

　奄美群島南端の与論島は九州最南端の島で、沖縄本島最北端の辺《へ》戸《ど》岬まではわずか20㎞あまりの距離にある。昭和47（1972）年に沖縄が返還されるまでは日本の最南端でもあった。珊瑚が隆起してできた島はなだらかな台地状で一面にサトウキビ畑が広がり、まわりを美しいサンゴ礁に囲まれている。正式な島名は「よろんじま」だが、観光地化することを目論んで仕掛けられた「ヨロン島《とう》」の呼称・表記が主流になっている。

　島の中心は西部に位置する茶花《ちゃばな》で、茶花漁港近くに与論銀座と呼ばれる繁華街と、そこに続く中央通りからハイビスカス通り界隈にホテルや民宿、飲食店、商店が集まっている。旅の情報は与論町役場横の観光協会で入手でき、レンタカーやバイク、レンタサイクルも街中で調達することができる。ハイビスカス通りの西側の丘には

左｜港が見える海カフェはエーゲ海のイメージ
下｜海カフェの隣の雑貨屋ではタイミングが良ければ主（ぬし）の島ネコに会うことができる

海が見える洒落たカフェや雑貨屋もあり、丘を下れば白砂のビーチとシュノーケリングに適した岩場が隣り合うウドノスビーチに出る。また茶花港南側の海岸沿いには、ギリシアのミコノス島との姉妹都市にちなんだ白亜のウォールアート・ミコノス通りが続いている。

島への玄関口となる空港や与論港、そしてホテル・プリシアリゾートヨロンは茶花の南西側の立《りっ》長《ちょう》エリアにある。定番の記念撮影ポイントになっているヨロン駅は空港西側の海際の高台に位置し、北の鹿児島市から南の那覇市に至る国道58号を鉄道に見立てて設置された。この駅は、奇岩や珊瑚礁を見下ろしながら散策できるビドウ遊歩道の起点にあたり、夕暮れ時には赤く染まる海が美しい。

与論島に滞在する時のもうひとつの拠点が東海岸南部の東区。このエリアは2㎞にわたって砂浜が続く大金久《おおがねく》海岸にも近く、百合《ゆり》ケ《が》浜《はま》に渡る際の利便性が良い。ビーチへのエントランスをくぐると簡素な掘立小屋で貝やアクセサリーを売る地元のおばぁたちが声をかけてくる。そしてモクマオウの林を抜けて海辺に出れば、グラスボートやバナナボート、ジェットスキー、シュノーケリングなどのアクティビティが待っている。百合ヶ浜は大金久海岸の沖合に出現する与論島のいち押しスポットで、グラスボートやバナナボートで渡

「天の川銀河鉄道本線」のヨロン駅。海沿いにビドウ遊歩道が整備されている

百合ヶ浜。もう2、3日も経って潮が引けば砂浜が現れる

163　鹿児島県

KAGOSHIMA

左｜赤崎海岸の入口にある食堂・美咲はどれにするか迷うほどの種類のかき氷が人気
右｜与論民俗村はこぢんまりとした施設だが、移築した民家など園内を案内してくれる

る。潮流によって春から秋の大潮の干潮の時に白い砂浜が姿を現し、そこで年の数だけ星砂を探すと幸せになれるという。

東区には商店や居酒屋などもいくつかあり、民宿は紺碧《こんぺき》の海が見えるサトウキビ畑の中に点在している。この辺りは民家の灯りが少なく、また与論島にはハブもいないので、夜には降ってきそうなほどの満天の星を眺めながら海辺まで歩くのもよいだろう。

東区の大金久海岸の南側のエリアには、赤崎灯台と麦屋《むぎや》漁港の間のシュノーケリングポイント・赤崎海岸や、赤崎鍾乳洞、与論民俗村、島の駅くるまどうといったスポットが狭い範囲に集まっている。東海岸北部の古里《ふるさと》には、与論をこよなく愛し、別荘で多くの作品を手がけた作家・森瑤子のオブジェのような墓が佇んでいる。また沖に小島を望む皆田《みなた》海岸はシュノーケリングで枝サンゴを見ることができ、穴場的でゆったりできる。

北部の那間《なま》にはティララキ（寺崎海岸）とトゥマイというホワイトサンドの砂浜と龍の形の岩があり、夫婦龍の棲む浜としてパワースポットになっている。映画「めがね」のロケ地でもあり、島内に点在するロケ地をたどる人も多い。

島の南部、茶花と東区の中間に位置する城《ぐすく》エリアの高台には、15世紀に琉球王朝の支城としてつくられた未完の与論城の石垣が残り、島の歴史や文化がわかる資料館と展望台を兼ねたサザンクロスセン

PICK UP!

ドラゴンフルーツ、マンゴー、アテモヤ、島バナナ。与論島はトロピカルフルーツの宝庫

大金久海岸側の高台から望む百合ヶ浜。出現する時期と時間を確認してから行こう

左｜南の島の漬け物の定番・パパイヤの加工風景
右｜島に関わる豊富な資料が展示されたサザンクロスセンター。最上階は360度の展望スペースになっている

ターが隣接している。ちなみに与論島は慶長14（1609）年にはじまる薩摩藩の琉球侵攻によってその支配下に組み込まれた。

与論島 DATA
周囲：24km
アクセス：鹿児島新港から与論港までマリックスラインの「クイーンコーラル」、またはマルエーフェリーの「波之上」「あけぼの」で約18時間40分。それぞれ週3～4便。飛行機は那覇空港や鹿児島空港経由
問合せ：ヨロン島観光協会
0997-97-5151

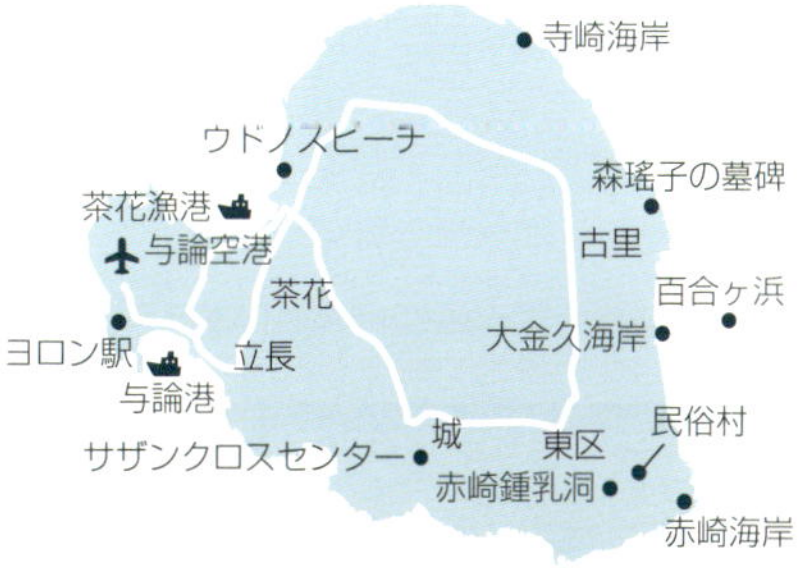

サンゴ礁に囲まれた与論島に来たなら海中宮殿や沈船あまみなどの定番ポイントでスキューバダイビングに挑戦してみたい。島には河川がないため海の透明度が素晴らしく、世界でも屈指の美しい海ともいわれる与論島の周辺にはウミガメも多く生息していて遭遇率も高い。

与論ではグルクンの唐揚げや鶏《けい》飯《はん》といった沖縄料理や奄美料理が多いが、島を訪れたならもずくを麺に練り込んでさらにその上をもずくで覆いつくした与論名物もずくそばを一度は食べてみたい。また、ビーチで泳いだ後のかき氷やトロピカルフルーツジュースも南国気分を盛り上げてくれる。夜は有村酒造の黒糖焼酎・島有泉《しまゆうせん》の盃によるまわし飲み「与論献奉《けんぽう》」で地元の人々のもてなしを受けるもよし、グラス片手に島で出会った人と語り合って過ごすのもよい思い出になるだろう。

あとがき

　島に何かしらの憧れを抱いている人は思いのほか多い。そもそも日本列島自体が島国であるにもかかわらず、多くの人が「島時間」を求めて離島を旅し、人生の終着点として島への移住を選択する人々も年を追うごとに増えている。人々はなぜ島に魅せられるのか。ゆったりと流れる時間の中で、慌ただしい日々や複雑な人間関係から解放されることで本当の自分と向き合えるといった要素も大きいが、昔ながらの懐かしい風景や海に囲まれた立地など、島人の日本人に組み込まれた遺伝子がそうした環境を求めているのかもしれない。どちらにしても島旅に出かける小難しい理由などいるわけもなく、「ただ行きたいから」島に足を運ぶ。

　平成29（2017）年の夏、海鳥社の田島卓氏が、いつか島の本を出版したいという話を切り出してくれたことをきっかけにして、もともと島好きだった私はそのお手伝いをすることになった。島が好きといっても、それまではスキューバダイビングで国内外のいくつかの島をホッピングした程度で、しかもその時は海中散歩が主目的であった。ただ、ダイビングの合間の、陸で過ごす時間は、無人島のハンモックで揺られたり、ローカルな食堂に飛び込んでみたり路地裏をそぞろ歩いたり、令和の時代の本島では跡形もなく消失した過去の風景に思いがけず出会って心を動かされたり、離島は普段の生活では決して接することのできないようなシーンであふれていた。

　たとえ同じ島でも琴線《きんせん》に響くかどうかはその人と島との相性による。また、天候や心のコンディション、一人旅かグループか、旅先での出会いなど、その島が本来的に備えている属性以外にも印象を変える要素はたくさんある。トカラ列島の旅では、悪石島《あくせきじま》のボゼ祭りに参加する手段がほかになかったこともあってやむなくツアーに参加したが、船旅では思いがけず人生を豊かなものにしてくれる出会いもあった。旅の後半で訪れた与論島《よろんじま》では、宿で出会った若者と島有泉《しまゆうせん》をたらふく飲み、サトウキビ畑の間を走る道の上で寝転がって満天の星を眺めた。与論島は、適度な大きさの島に、ヨロンブルーの海やのどかなサトウキビ畑の風景、島グルメ、洒落たカフェをはじめとした多様な旅の要素が凝縮され、おそらく訪れた旅人の大多数を魅了する島だろう。しかし、こうした自然環境や島人の気質が魅力の根底にあることが大きいのはもちろんだが、風景や人との偶然の出会いが旅をさらに豊かなものにしてくれる。つまりどこの島であってもこうした偶然は起こり得る。本書に掲載した野崎島、小値賀島《おぢかじま》、保戸島《ほとじま》、深島、屋久島、奄美大島、宝島……、私は、それぞれの島に再訪したいという魅力を感じた。

日本全国にある島の数はおよそ6852島にのぼり、北海道、本州、四国、九州、沖縄を除く有人離島は418を数える。九州では長崎が51島で、鹿児島の28島がそれに続く。この中から1年あまりで訪れた無人島を含む58の島を本書に掲載している。景勝地やアクティビティが満載の島、特筆すべきスポットはないが時を超えたような建物や看板たちが佇む漁村、海の色にも様々な表情がある。

私は、島旅で必要のないものは時計だと確信しているが、限られた休暇と少ない本数の船便や天候条件、そして何よりせっかちな性分であるため、結果的に分刻みで慌ただしく奔走することになった。さらに掲載した島の写真や文章は紙面の都合で極限まで切り詰めたため、それぞれの島の魅力を充分に伝えられないかもしれない。しかし、もしも琴線に触れる場所があったならば、実際に訪れ、時を忘れて気の赴くままに歩き、島との相性を確かめてほしい。

たとえば筆者が住む博多からだと、壱岐、対馬、五島列島であれば日付が変わる直前の船に乗り込めばたった1日の休暇でもひと通り島をまわれるし、鹿児島の離島でも早朝や夜行のバスで発つと、それほどの決意がなくても2、3日もあれば船便での島めぐりを満喫することができる。思い立ったら島旅に出かけよう。

ただしせっかくなら天気だけでなく、黄砂などの飛来物が少ない条件の良い日を選んでほしい。なぜなら島旅の魅力は青い海と青い空、爽やかな空気、そして満天の星であるから。

刊行にあたり、筆者の繰り出す難題に対して正面から向き合ってくださった田島卓氏に深謝いたします。

令和元年6月4日

［Profile］**吉村靖徳**　Yoshimura Yasunori

1965年に東京都中央区で生まれ、福岡県小郡市で育つ。1995年、親友が持ってきたCONTAX G1に魅せられてすぐに購入し、子どもや風景の写真を撮り始める。撮影の転機は三度。北海道の美瑛と富良野の旅、スキューバダイビングのライセンスを取得したことによるパラオほか南の島のホッピング、そしてインドの旅にはじまるアジアの人々の撮影。著書は『ふくおか古墳日和』（2014年）、『九州の古墳』（2015年。ともに海鳥社）

九州《きゅうしゅう》の島《しま》めぐり　58の空《そら》と海《うみ》

■

2019年7月15日　第1刷発行

■

著　者　吉村靖徳

発行者　杉本雅子

発行所　有限会社海鳥社

〒812-0023　福岡市博多区奈良屋町13番4号

電話092(272)0120　FAX092(272)0121

印刷・製本　ダイヤモンド秀巧社印刷株式会社

ISBN978-4-86656-054-0

http://www.kaichosha-f.co.jp

［定価は表紙カバーに表示］